JN083262

最強スプリンターが語る勝敗哲学

アスリートの本質

末續慎吾

竹書房

はじめに

僕は、今年の6月で41歳になった。

そして、僕が陸上競技短距離走を通してやっている「アスリート」という生き方も、すでにもう30年を越えた。人生の半分以上は、アスリートとして生きていることになる。

その人生は、様々な出来事と感動があった。ただ、感動とはいっても決して華やかなものだけではなく、心身がねじ切れるような時間と出来事もたくさんあった。誰かに、「人の人生とはそういうものだ」と悟ったように言われたこともあったが、僕は納得いかなかった。

なぜかって？

それは「僕」の人生だったからだ。

僕は、アスリートという生き方で感じるままに生きてきた。その人生は、人間・末續慎吾の感性と、アスリート・末續慎吾の感性が織り成すドラマティックな人生だった。己の心身を持って全身全霊で世界を感じ、そう生きてきた。全力で自分自身をこの世界で表現し続けながら。

僕は、昔から生き方や感性を共感・理解されることが少なかった。それは、その感覚や意志をどうしても言葉にできなかったというのが最大の理由だが、幼少時は得体の知れない孤独感に夜眠れないこともあった。

そして、そういった孤独感を埋めるため、その孤独感を和らげるために僕は走った。「走る」という方法を選択し、世界を走った。僕は走ることを、この世界で生きるためのアイデンティティーとした。

ただ、それでも孤独を感じることはあった。しかし、僕が求めていたこの世界との温もりは感じることができた。そして、それは生きていくうちに、この世界ではアスリートという在り方に変化していき、僕を表現する代名詞の一つにもなった。

僕は何者でもなかったはずなのに、様々な代名詞がついた。オリンピアンというのもその一つだ。それは、アスリートという存在の延長線上にある、オリンピック出場者の代名詞だ。今思えば、それもいつの間にかそう呼ばれるようになっていた。

では、アスリートとは、そもそも一体何者なのだろうか？

もちろん、その定義を辞書で調べたら、簡単に調べられるとは思うが、それをそういった形で僕が理解しようとしたとしても、１００％それが正しいと言えるだろうか？　と思う。

今回、この本には、末續慎吾というアスリートの感性・生き方の本質とその本性が、ありのままのノンフィクションで書かれている。内容に関しては、決して万人に当てはまるものではないし、理解されないこともあるかもしれない。でも、それはそれで本という表現方法での伝え方であり、それも末續慎吾の世界観だと言える。


人に何かを伝える時、その人と人との間には解釈・認識の違いが存在する。人間同士である以上、完全に理解が一致するものではないが、ただそれを埋めるのも、人の持つ理解・想像力だったりする。

本を書き、世の中に出すということは、自分以外の誰かに何かを伝えて表現することだ。前述したように、これから表現するこの本は、僕そのものであり、アスリートそのものの本質・本性でもある。

走るということではない伝え方と関わり方で、僕がこの世界に感じたい温もりの形だ。

僕という情熱と意志をそのまま形にした。

そして、そういった形の媒体を通した僕と読み手とのふれあいは、あなたと僕にとって何か心を動かす感動であってほしいと願っている。


願わくば、あなたの心を少しでも動かすものでありますよう……。

どうか、最後までお付き合いいただきたい。

アスリートの本質

目次

第2章 感覚の世界

イメージを具現化する力とは？

第5章

力の解放

アスリートが表現すべきこととは?

第1章

野性の走り

勝敗を分かつものとは？

AとBの違い

速く走る二種類の方法

速く走るには〝型〟がある。

その〝型〟は、基本的には物理的な法則に則っていて、身体は地面に対して垂直でないといけないとか、腕は肩を支点に前後に半円運動するので、肘の角度は90度で振るとかといったもので、至極人体構造上理にかなったものである。

そういった〝型〟の代表的なもので、追求された理論として「トム・テレッツ理論」というものがある。トム・テレッツとは、五輪と世界選手権で計17個の金メダルを獲得した伝説的な選手、カール・ルイスを指導したアメリカの名伯楽。

その理論は、読んで字のごとくトム・テレッツ自身が確立したものである。

僕も彼には2017年の春に米テキサス州で師事し、指導してもらった経験がある。トレーニングの内容としては、テレッツの前でひたすら走り、「こうですか?」と聞くと、「YES」、「NO」という短い言葉が返ってくる。僕に関してはは基本的にはそれだけで、ひたすら走って同じような問答を延々と繰り返す。これを習得できるまで、気の遠くなるような時間をかけて行う。

そして、その理論における重要なポイントは次の5つ。

「腕降り」
「姿勢」
「膝の角度」
「動きの維持」
「PUSH」

最後の「ＰＵＳＨ」という表現は、走っている時、地面に足が接地している時の技術なのだが、これは「自力で地面を押す」というイメージではなく、身体が地面反力を的確に受けた時に内的感覚として感じる感覚的な技術として使っているもので、テレツが「英語」で表現しうるには、一番伝わりやすい言葉のようだった。

ただ、この「ＰＵＳＨ」という技術以外は、一見分かりやすく至極シンプルなものだ。だけどシンプルがゆえになのか、どれも非常に緻密な指摘が多かった。おそらくミリ単位の指摘だったと思う。テレツの眼力は、そのミリ単位のこちらの感覚のズレも指摘してくるぐらいだった。おそらく、肉眼で判断できるレベルではないこちら側の感覚・技術のズレを的確に指摘してくるのだ。

テレツは、技術理論としてはもちろん極めてはいるものの、このあたりの能力が世界で最も優れていたと思う。だから、僕もそういった問答を徹底的にやっていくうちに、その繊細な違いを身体が理解してきて、元々身体に備わっていた「走りの道理」の理屈や感覚が自身の感覚に合致していくのを感じた。

テレツが追求した理論は、人間の身体の機能・構造や、バイオメカニクスといった面から見た場合、一般的には「正解」と思われる内容といっても過言ではないと思う。現在でも、トム・テレツの理論は世界的に見ても十分に通用する。基本的で普遍的なものだ。ここでは、その走り方を「A」としよう。

ただ、僕の走りは「A」とはまた違い、包括的な「走り」としての枠組みでは同じ「走り」なのだけれど、こういった理論とはまた性質が違うものだった。僕の走りは競うことの中で生まれた走り、つまり「かけっこによって生まれた走り」だ。「A」が理論なら、僕の走りは「野性」。この「野性」の走りを「B」としよう。

「B」の走りは勝負には勝てるが、身体・精神的にもリスクが飛躍的に高くなり、継続し続けると選手寿命自体が短くなってしまう。いわば〝諸刃の剣〟に近い。僕の知る限り、競技場でこういう走りでレースをしようとしている人間は見たことがない。

「B」の走りのイメージとしては、四つ足の動物に近い。上半身を異常といわれる角度まで思い切り前傾させて、前傾させながら重心を落とす。ただ、これだと当たり前だがつんのめって、蹴り足が後方に流れて力自体が抜けてしまう。というか前方に転倒する。

なので、理屈では足で地面を蹴ったら、尋常ではないスピードで前方に切り返して、重心を捉えなければならないことになる。チーターの後ろ脚が無駄なく素早く、前に戻ってくる感じを想像してもらえればいいと思うけど、そんなことを人間がイメージして実行するには本来無理がある。

そして、とにかく重心が低く前傾した位置にあるので、腕の振りもバランスを取るため自然と腰の下あたりまで低くなり、横に振るみたいなトカゲのような動きになってくる。そして、首が動物のように前に出てきて、今にも地面に落ちそうになる重心を拾っていく。身体全体として、地面をつかみにいく。何か獲物を追い、狩りをする動物。そんな走りだ。

そして、そもそも通常ならこけてしまうような無理を強いる走りなので、とにかく当時は首・腰への負担が非常に大きかった。なので、一般的に素人に「走り」を薦める際には基本は「A」。だけど、僕自身は「B」という「走り」に思いっきり振っていた。だからといっては何だけど、ある意味ではそういったレベルまで傾倒していたからこそ世界と戦えたとも思う。もちろん「A」という基本を最低限押さえたうえで成立する走りではあるものの、そこから漏れ出てくる要素、抑えられない「野性」を表現した走りだった。

世界のトップ選手は、大体みなそうである。男子100mと200mの世界記録保持者であるウサイン・ボルトの肩を上下に揺らす走りもそうだし、2016年リオデジャネイロ五輪男子200m銀メダリストのアンドレ・ドグラスの低い腕振りと変則的な肩の動きもその一端だと思う。

そして、2003年パリで行われた世界陸上選手権200mで、僕が日本短距離界初のメダル、銅メダルを獲得した時は、完璧に「野性の走り」だった。

二刀流かけっこ

理論と野性の対極的な走りの融合

僕の走りが、どのようにして生まれたかを説明するのも、これまた少し難しい。シンプルに「365日の競争の中で練られたものです」としか言いようがないものであって、僕自身も説明のつかない部分が多々ある。

僕は熊本県生まれで、小学校、中学校、高校までは指導者には「A」＝「基本に忠実な走り」を教えられて育ったタイプではなかった。どちらかというと、怪我をしないようにするための補強運動や、身体のバランスなんかを整えるようなことだけを言われて、あとはほぼ「自由」に走らせてもらってきたタイプだった。

そして、大学は東海大に進んだ。そこで僕は陸上部の短距離コーチだった高野進先生の指導を受けることになる。高野先生は現役時代に400mで1991年の世界選手権7位、92年バルセロナ五輪で400m8位という輝かしい実績を築いた指導者だ。

練習拠点は神奈川県平塚市。自然環境が豊かで、大学のグラウンドだけではなく、近くの勾配の強い坂道、階段、山、相模湾の砂浜など様々な環境の中で走った。そして当時、東海大には日本トップクラスのスプリンターが多く在籍していて、そんな僕たちの普段は眠っている「競争心」を刺激するのが高野先生は非常に巧かった。というより「巧妙」だった。

すべての練習に「競争の原理・要素」が組み込まれていて、「走り」ということについて変に余計なことを考える「暇」と「時間」はなかった。僕の大学時代以降は、そんな果てしない競争の日常で日々を過ごしていた。

砂浜では、基本四方八方に足を取られてしまうので、推進するには常に軸・バランスを確保し、尚かつ素早く前方向に重心移動をしながら足を引き上げて走る必要がある。すると「自然」と瞬発的に足を引き上げるタイミングと筋力が鍛えられる。

坂道では、「上り」のダッシュに休憩を挟みながら、30～120m間を10m刻みに数本ずつ約2時間ぶっ通しで走る。当然全部競争。ただ当時の東海大は、ここからがすごかった。「下り」も同じように2時間やる。当然全部競争。なので、休憩を入れても約4～5時間ぶっ通しで競争していることになる。

坂道トレーニングは一見、上りの方が短距離の練習としては効果的なように思われるが、実は下りの方が最も難しく、そして身体的にも堪える。まず、急勾配の下りで思い切り「競争」しながらダッシュする。気を抜けば転んでしまうし、気が緩めばブレーキをかけてしまう。そして競争自体からも脱落する。でも、みんなこれまで嫌というほど培ってきた競争心に煽られて、「あえて」突っ込んで走ってしまう。自ら積極的に。

そういった競争原理の下、走る技術とは何たるかということよりも、まず「身体に備わった恐怖心のリミッター」を解除することの中で、競争に最適な「走り」を身体に覚えさせていった。そして、そういった環境下で、これらの「走り」が可能になると、平地のトラックで多少過剰なことを課せられて走るぐらいは何ともなくなる。というか、身体がさほど拒否しなくなる。高野先生の指導は、どれもそういう設定条件のトレーニングが多かった。

それで実際、僕自身はその環境下で「負けない」ことが多かった。毎日毎日自身を身体的・精神的に追い込んで、通常では危険な行為・状態を「日常化」して、人間に備わっている「野性」を捻り出していたと思う。

そして、そういった「野性」に近い日常で、常に心身を「危険」にさらしていると、自然と「野性」自体も身についてくるのだろう。「野性」の基本は「危険」であり「飢え」でもある。だから不思議と変に性欲が強くなるし、腹も異常に減ってよく食べるようになる。当時は三大欲求が常に飢餓状態で、自分の奥底にある動物的な面との均衡を保って向き合っていたと思う。

そんな毎日、そんな1本1本の中から、僕は「勝負に特化した走り」を自然と磨いていった。言ってみれば、本を読んで喧嘩の仕方を学んだのではなく、最初から危険な実戦の中で喧嘩を学んだ、そんな感じかもしれない。そして、ある瞬間から、負けず嫌いというような「精神性」で負けることを拒むのではなく、身体が勝手に負けることを拒むような本能的な動きをするようになった。そういった野性的な部分が走りに反映されていたからか、外部から見た僕の走りは「野性的な走り」に見えたんだと思う。

ただ、自分の走りを「野性的な走り」と表現したが、技術的な見方をすると、その特徴の一つには「回転」という要素がある。

トム・テレツの理論は、スプリントの教科書のように足の運び、腕振りなどの動きはいわば「直線的」だ。だけど、僕の動き自体は、決して直線的ではなかった。とにかく偏った方向に暴れる癖があって、右膝はほんのわずか外側に開きながら上がって、途中から内側に捻るようになる。こういった走る動作の中では、推進するエネルギーを一滴も無駄にしないために、右脚の内側への力に、カウンターを当てるように左脚をかぶせる。左脚も少し外から内に入る。

右 - 左 - 右と、左右非対称のピンポイントなタイミングを合わせ、そうやって生み出した円運動の力が自分にかかるようにして、それを前への推進力に変えていく。これは上半身も同じで、大学時代は上半身と下半身のこういった力が逃げないよう、その中枢であり連結部分でもある体幹を相当鍛えた。

よく20代の頃、僕の走りは左右2軸で、「ナンバ走り」、「忍者走り」などと表現された。ただ、自分自身の感覚は、今説明したようなものだった。この僕の内部感覚を、外側から見て「走り」として解釈・説明・形容するのは難しかったと思う。

読者の中には、こんな繊細な作業が必要なら、脚を真っすぐ出せるようにすればいいのではないか？　と思う人もいるだろうけど、ここに僕のオリジナリティがあったりもする。

実は、僕は幼少時から背骨がS字に曲がる「脊柱側弯症」だった。だから、右膝が普通に真っすぐ上がらず、膝が外から極端に内側に入ってくる形になってしまう。その左右差がちょっとではなく、極端に出てしまうのだ。

そのため、脚と対角の肩の動きも含め、独自の「左右非対称なタイミング」を計らないとまったく走れなくなってしまう。いわば特徴的な骨格の体型だ。つまり、僕の身体の構造上でのみ成立する走りだとも言える。ウサイン・ボルトも脊柱側弯症なのはよく知られているけど、あの独特のダイナミックなフォームも同じような理由から導き出されたものだと思う。

先ほど説明した「A」＝理論的な走りと、「B」＝独自の「野性の走り」は、互いに密接に影響し合う関係となっている。「A」の精度を高めることで「B」も自然と向上する。それは逆も然り。今僕はその両方の走りに同時に取り組んでいる。格好よく言えば、二刀流のようなもので「本差と脇差」を持っているような感じだと思ってもらえればいい。

僕は、「理論」と「野性」の二つの対極的な走りを、己の中で融合させた「かけっこ」を今目指している。

野性とキレの感性

理性では踏み込めない領域

大きな大会の決勝と、その会場には選ばれた競争相手、それを観に来た観客が存在する。いろんな意味で、より強い外的な条件が揃う。そして、そういった自我の範疇を超えた要素があふれている状況によって、特別に発揮される力が存在する。

すなわち、「野性」である。

僕は、おそらくアドレナリンの量が一般の人よりも多く出るのか、「理性」

のリミッターが振り切れやすい傾向にある。時に、肉離れしていても痛みなく走れたりすることもある。

もちろん、競争相手のレベルにもよるのだが、自分より強い相手がゴロゴロいるような大会の設定だと、本来「理性」という安全圏の下では眠っている「野性」という潜在的な力が出現し、理性的に培った技術を超えてしまうことがある。

そうなると、その「野性」を発揮した本能的な身体の動きに、技術自体が追いつかなくなる。

200mのコーナーでは、走っていると遠心力によって身体が外側に吹っ飛ばされそうになる。だが、この時その力を内側にと自力で体を抑え込もうとすると、逆に外側への力がよりかかってくる。下手にその遠心力に抵抗すると、さらにコーナーを回れなくなる。当然、回り切れないと本能で感じ取ってしまうと、人間は恐怖心から自然と速度を落とそうとしてしまう。

こういう状態になると、コーナーに対して「回れないから速度を落とす」という ギリギリの局面で、「野性」が発動して一歩身体が前に出る現象が発生する。これは自我という「理性」が働いているうちは踏み込めない領域で、バイクで例えれば、車体を思い切り傾けブレーキを踏むようなタイミングで、全開でアクセルをふかすようなものだ。

その瞬間、自分では出したことのないような力が身体にかかり、脚が異常とも言えるほど高速回転になり、逆に無抵抗に身体が内側に入ってくる。そんな、「野性」と「道理」が同調する瞬間がある。ただ、ここで理性的に自分の力学で身体をコントロールしようとすると、おそらく大怪我をする。この時は、骨が折れてしまうほどの力が身体にかかろうとしているので、この状態になると、「野性」で到達した道理にもはや無抵抗に従うしかない。

100m・200mのようなスプリント種目は、つまるところ「推進」を突き詰める行為である。推進に対する身体の動きの無駄をそぎ落とし、より中心を意識して前へ、速く、という修練に徹底する。そして、そういった行為にのめり込んでくると、どんどん顔つきが鋭く細くなる。ある意味で、動物みたいな顔つきになってくる。そして、刃物のように尖ったものに興味が出てくることがある。僕自身、そうなった時期があった。

これは、あくまで僕の個人的な経験の中での解釈だが、短距離種目は競技特性上、「推進」、「直線」、「キレ」などという感性は、通常の競技者よりも神経系でその感覚を感じやすい傾向がある。もちろん、他の競技にもそういった感覚や表現はあるが、特に陸上短距離という直線を突き詰める競技では、あるところまで極まってくるとこういった感覚が人一倍強く出てくる。

刀鍛冶が刀ないしは刃物を作る際の行程は、短距離走でより鋭くキレる直線の走りや技術を作り上げていく過程と、非常に酷似している。熱を加える、叩く、尖らせる、磨き上げるなどといった綿密で繊細な行程も、その使い方も共通している。

そういった酷似した感性のものだから、という安易な理由からではなく、実際に僕が100mで一番調子がいい時は、刃物の切っ先が心地よく感じることがよくあった。逆に、調子が悪くなると、切っ先に違和感や不快感、少しの恐怖感を覚えるようにもなった。

このように、僕の陸上競技は技術だけではない感性のロジックが前提にあって、それが自身の「走り」になっていたと思う。

１００ｍと２００ｍの違い

自己陶酔感とバランス感覚

陸上競技・短距離走において、短距離種目といわれる種目は１００・２００・４００ｍの３つである。その中で僕が主戦場としたのは１００ｍと２００ｍだった。

１００ｍと２００ｍの違いについては、当たり前だがひと言では片づけられない。

まず、１００ｍはスタート地点に立った時、ゴールは自身から１００ｍの視線の先にある。そして、最初は全員横一線でスタート位置に立ち、みな横一線からスタートする。これはどこに行っても絶対に変わらない。そして、1レーンと8レーンを除いては、基本的には両側に並行して競争相手の存在がある。

それに対して200mのスタート地点は、100mのようにみな同じ横一線からのスタートではなく、曲走路からの「階段式スタート」となる。200mを走る1レーン走者は、一番内側のインレーンを走ることになるので、最初「視覚的」には最後尾を走るような感覚になる。

そして、スタートしてからしばらくは目の前に7人の姿を見ながら走ることになる。逆に、1番外側を走る8レーン走者は、最初は外側・内側に競争相手が誰もいない状態なので、スタートしてしばらくは一人旅になる。それ以外の2~7レーン走者は、スタートした時点では前方に誰かがいて、競争相手がいる状態で走る。

これは僕の視点だけれども、まずこの最初のスタート地点における「競争相手の配置感・距離感」、そして「ゴールまでの視覚的距離感」など、「視覚」という観点から種目特性としての大きな違いが存在する。もちろん、これらが気にならない人は気にはならないと思うけれども、こういった要素は確実に「心身」のパフォーマンスに大きな影響を及ぼす。

人は、日常生活レベルでも「視覚的距離感」から来る情報は、自分が想像しているよりも膨大である。目をつぶって歩くとまず「恐怖」という感覚を覚えるように、目というものは器官の中でも制限してしまうと最も「恐怖」を感じさせるほど、人にとって重要かつ圧倒的情報量を収集する器官でもある。

そして、神経系とも直結して脳にもダイレクトに情報を送っているため、自分が思っている以上にセンシティブな領域である。陸上短距離系の競技においては、神経系の領域を無視できない以上、この「視覚」の違いは決定的なものだと言える。

そしてさらに、100mと200mは「速度の獲得の仕方」がまったく異なることも重要な違いとなる。

僕が得意とする200mは、レースにおける絶対速度をまず前半の100mで獲得する必要がある。だが、200mは100mとは違って前半はコーナーという半円走路を走らなければならない。100mのように直線という環境で速度を獲得するのではなく、曲線で速度を獲得していく。そういった環境下で人が走って速度を出そうとすると、当然ながらコーナーという半円走路に対して外側に働く力、つまり「遠心力」が身体にかかってくる。これは、曲走路に対して速度が上がれば上がるほどかかってくる力だが、逆を言えば、自身の能力に応じてその力をかければかけるほど速度も高まっていくことになる。

つまり、200mはこの前半100mの「遠心力」と自身の身体能力との兼ね合いの中で速度を獲得する。そして、その速度をいかに直線走路に転換できるかという要素が、この種目では重要なポイントとなる。

一方、100mに関しては200mとは違って直線のみを走る。もちろん200mのように「遠心力」はかかってこない。ただ、そういった状況で速度を獲得するために重要な要素は「スタートブロック」の存在である。前進する力に転換するには、まず「高さ」という位置エネルギーが必要になる。そして、その高さを前方向に進めるための身体の「傾斜角度」が必要になってくる。これは200mのスタートにも必要な要素だが、100mでは、よりこのようなことを突き詰めた力が感覚的に必要とされてくる。

100m・200mにおいて速く走るためには、単に自分のパワーだけが必要なのではなく、自力以外の領域で働く「力」や「道理」が大きくその割合を占めているのだ。

短距離は一見「才能」と思われる世界だが、才能の格差を感じて悲観的になるほど、この世界は狭くない。つまり、才能だけで通用するほど甘くはない。才能を持つ人間は、世界には想像以上に存在する。だからこそ試行錯誤を繰り返し、何らかの形で個人の能力差を埋めようとする。才能以外の万物に備わる力を感じ取り、有効に活用することのできる人間が短距離選手として力を発揮するのである。

と、ここまでは物理的な話で、本来僕が考える100mと200mの違いは、もう少し踏み込んだ領域にこそ本質的なものがある。

短距離はつまるところ、他人との肉体的なコンタクトを要する場面はこれといってないに等しい。ルールもシンプルで、特別に珍しいルールは存在しない。強いて言うならフライングくらいだ。そんなシンプルな世界の中で100mと200mという種目を選択する人間がいるとして、当たり前の話だが、まずは個々の身体的な能力の違いがある。これを説明しはじめると多岐にわたってしまうので割愛するが、もっと踏み込んだところに本質があるのだ。

それは、「潜在的な精神的資質」の部分にこそ存在する。

僕自身は、200mを専門種目として、100mも兼ねていた。だが、どちらかというと、肉体的にも精神的にも200mの方が向いていたのではないかと思う。

ただ、選手の中には100mのみを専門とする選手もいる。そして、この手の選手に多いのが、自分の「感覚の絶対領域」をより高い感覚として持っているということだ。ゆえにか、それに付随する自尊心も非常に高く持ち合わせている。併せて自虐的な部分も非常に強い。

しかし、それは「己を心酔させる手段」で、その両極として持ち合わせているのだ。そして、自分が決めた人間・情報以外には興味・関心がなく、このあたりは非常にはっきりしていて、基本的にはナルシズムに快感を覚え、自己陶酔能力が非常に強い。

これは、直線上にあるゴールという一点に集中力を要するための能力を元々保有していたのか、100mを専門としたがゆえにそうなったのか、どちらが先かは分からないが、そういった選手が多く見受けられる。ただ、走り幅跳び等の跳躍選手にもこういった一面のある選手はいるが、この「100mだけを専門とする選手」は、また少し異質である。

対して200mの選手は競技の性質上、距離が100mより長い。競技の展開も100mに比べて一瞬ではなく、力比べみたいなシーンもある。だから、ある程度のトレーニング量も積まないといけない。だからなのか、自分に酔っていてもどうしようもないことを潜在的に感じている部分もある。現実感と仮想感の両方をバランス感覚として持っているのだ。実際に、100mと比べて距離的な恐怖感もあるので、その恐怖感と向き合う現実感も必要とされるからである。

200mのトレーニングは、仮想感覚・自己心酔で乗り切れるほど甘くはなく、現実感と仮想感のバランスが高ければ高いほど200mは競技力が高まる。逆に若年期の100mは、そういった自己心酔に偏れば偏るほど「パフォーマンス」ということに関してはいい影響を及ぼす場合もある。100mはある意味では「狂気的な役者」、200mは「高度な客観性を持つ役者」といったところだろうか。そういった性質を持ち合わせている。

というふうに、100mと200mの性質について少し角度を変えて説明してみたが、それがすべて答えでもない。従って「陸上競技短距離走」を説明・解説するには、ありとあらゆる角度の感性が必要になる。なので、この種目に必要なことは解説ではなく、理解である。単純な技術だけでは、このシンプルな競技を語れないのである。

だから、僕は解説者として単純な解説をすることが苦手なのだ。

ゴール前で抜かれる理由

孤独と孤高の違い

１００ｍにおいて、スタートしてからスピードを上げ、ある地点でトップスピードに到達すると、それ以降は一般的に減速をしはじめる。選手の体型やタイプによって、トップスピードに到達する地点が前半型・後半型と違いはあるが、一般的にはレース後半の約60〜70ｍからは大体減速をしている。

テレビなどで１００ｍのレースを見ると、レース後半やフィニッシュ直前で抜かれてしまう選手を目にすることがあるが、これは簡単に言ってしまえば、抜かれる選手の方は減速が大きく、抜いていく選手は減速が少ないからということになる。

僕の場合、100mにおいては大体60~70m付近でトップスピードに至る。短距離としては、「一般的なトップスピード到達地点」の選手だった。ただ、個人的特徴としては、200mにも取り組んでいる影響もあってか、トップスピードに至った後のスピードを「持続する能力」に長けていたと思う。なので、レース終盤においては減速傾向が少ないという特徴があった。

加えて、僕はスタート時に両足を揃えてスタートをする「ロケットスタート(パンチスタート)」と呼ばれる独自のスタートダッシュスタイルを取り入れていた。これは、両足を揃えることによって、足を前後に開くスタートスタイル(パラレルスタート)よりも極力「脚力」を使わないようにするためのものだった。

このスタートスタイルの特徴は、両足の位置を揃えているため、下半身にはほぼ体重がかかっておらず、体重は上半身にかかっている。そして、その体勢からより低く前傾した格好と角度で前方へ突っ込む。そうすると、当然ながら前方にこけてしまいそうになる。だが、逆にその力を利用して、スタート動作自体に大きなエネルギーを使わず、前方に転がりそうな力を使って自分以外の力でトップスピードを獲得するのだ。

これは、「省エネルギー」を前提としたスタートの解釈から考えられたもので、スタート時において自身が必要以上に使わなかったエネルギーを、エネルギーが枯渇してしまう後半に確保するという効果を期待したものだった。

なので、僕はこの省エネ状態から高いトップスピードを出せるスタートスキルと、200mで培ったスピード持久能力の二つの能力が掛け合わさって、100mでは10秒0台、200mでも20秒0台というパフォーマンスを表現することができた。

そして、短距離において、抜かれる時というのは必ず競争相手が左右どちらかの視界に入ってくる。その瞬間、抜かれる方はその方向に大小問わず反射的な反応で「力み」が生じる。それによって、コンマ何秒の逆転の余地が広がる。加えて、抜かれる選手は抜く選手の位置方向に、身体が無意識に寄っていくという傾向がある。これは、例えると自転車でダンプカーの横を走っていると、ダンプカーの方に自然に寄っていってしまうような感覚に近い。

2016年リオデジャネイロ五輪男子400mリレー決勝のビデオを見返してもらうと、日本の4走ケンブリッジ飛鳥選手は、ほぼ同時にバトンを受け取った左隣のレーンのウサイン・ボルト選手の方に、少し寄っていっていることが分かる。これは、並走する際の人間の本能のようなもので、それが技術として意図されたものでなければ、本質的には「長いものに巻かれていってしまう」人間の本能的な現象だ。

ただ、海外選手との力関係を無意識的な領域も含めて事前に想定し、その性質も理解したうえで「意識的」に対策を取っていれば、そういった無意識に身体が引っ張られていくようなことはない。僕の場合は、その性質を逆手に取って利用したりすることもあった。

そもそも「力」というエネルギーは入力・出力も含め、基本的には「抵抗」すると「力み」という「力の不純物」が発生する。読んで字のごとく「生んで」しまうのだ。なので、僕の場合そういった場面においては、あえて抵抗しないことを意識的にやるようにしていた。

もちろん、基本的にはリラックスした自分の走りをしているのだけれども、もし抜かれて、抜かれた相手に寄っていってしまった場合、そのままその抜いていった相手に逆に引っ張ってもらうようにスピードを相手に依存させ、相手の速度を利用して自分の速度を同調させて維持した。

でも、これは100mのような直線的なレースの場面では非常に難しく、200mのコーナー出口など、遠心力のような「回転」の力が加わっている状況下で使うことが多かった。これは、幼少時から雑多な「かけっこ」の中で揉まれてきたからこそ身についた身のこなし方、競争における力の使い方だったように思う。

また、人によって当然のように、抜かれたり抜いたりする方向に苦手なパターンがあったりもする。僕の場合は、どちらかというと右方向から抜かれるパターンが苦手で、対応に少し時間がかかった。右方向は僕にとっては利き側で、どうしても反射的に力みが出やすい。

なので、そういった場面において「力み」を前提に脱力しないといけない作業が必然的に出てくる。だから、力み↓脱力するまでに時間がかかってしまって（といっても100分の何秒レベルだけど……）その力み↓脱力にかかった時間＝瞬間で負けてしまうこともあった。

一方で、逆に左方向から抜かれてしまう分には、そもそも利き方向ではないため力み自体が生じにくかった。なので、脱力までにそこまで時間がかからない。だからなのか、僕は200mにおいては7・8などのアウトレーンの方がいいレースを展開しやすかった。

そして、さらにもっと深い潜在的な部分でも、ゴール直前に抜かれる理由が存在する。

それは「トップで走れない選手」がいること。正確には「トップになることを潜在的に怖がっている選手」がいるということだ。不思議なもので、そういう選手は途中まで先頭だったとしても、結果2着になるように「走ってしまう」。というか、自発的にそういった状況を誘発してしまう。

ある選手が、100mのレースで70m付近までは明らかにトップだったが、徐々にではなく急激に逆転されて2着で終わったことがあった。レース後、僕はその違和感を覚えずにはいられなかったので、「なぜ、あそこで力んだのか」と聞くと、当人は「1番で走っているのが怖くなった」と言う。

こういったことの原因に多いのは、「1番で走るということを肉体が理解していない」＝「勝ち癖」がついていないというものだ。自身の持つ本能的な競争心や闘争心自体に慣れていなかったり、孤独が苦手だったりなど基本的には「誰か」の後ろを走っていないと不安、誰かの後ろだと安心、集団でないと不安といったように、勝負における孤独を回避した依存心が潜在的にある。

そして、それらが勝負の場面でそういった矛盾する結果を生んでしまう。ただ、これは本人が仮にどんなに「顕在的」にトップを目指していたとしても、ある一定の状況と場面においては必ずといっていいほど顔を出してしまう。ある意味シンドロームでもある。

だからこそ、こういったことの中で最も大事になってくるのは、まずはどんな形でも「勝つ」ということの孤独や状況、場面を心身に理解させることだ。そして、それをどんな形でもいいので、事前に身体に認識させておくことが大事になってくる。

いいイメージでというと月並みな言い方だけれども、イメージや風景の肌感覚が存在してないと、最終的には当人が本当に勝ちたいと思う瞬間に勝つことができない場合が多い。もっと言うと「勝つという孤独」を表現できない。そういった点からも「勝つ」ことの前提を当人が変えない限りは、仮に一度や二度トップになったとしても、それを「維持」することはできない。一度や二度「孤独」を味わったとしても、その先にある「孤高」にはなれないのだ。

これまでの話から、陸上競技、短距離種目は、とかく人間の根源的な「潜在的要素」が大きく関わるスポーツだと言える。勝ち切れないアスリート、勝つアスリート、勝ち続けるアスリート、そこを分けるのは技術以外の部分の領域に答えがある。

サニブラウン・ハキーム選手は、出場した17年と19年の日本選手権で、いずれも100mと200mを制した。短距離2冠は03年の僕以来だったそうだが、彼は実力もさることながら、勝つことに対する前提と潜在的な「野性」のようなものを持っているように映る。つまり、最初から独りである。

「世界一を目指します」というようなことを「癖なく」公言しているように、精神構造も今の日本のスプリンターの中では抜きん出ている。

勝敗が決する瞬間

いかに自然体でいられるか

日本選手権や世界大会の短距離種目は、予選、準決勝、決勝とラウンドを勝ち上がる形式で試合が行われる。

では、勝負はどこで決するのか？

その答えは、ほぼ「予選」にある。それも実際に走っている場面ではなく、スタートの前とフィニッシュの後、特に走り終えた後の表情、動きで大体のことは決まってくる。走り終えた後、どういう心情でいるのか？　どういう顔つきなのか？　トラックからどういう去り方をするのか？　そういった機微が重要になってくる。

僕の場合、もし予選で１００％の走りができたなら、すぐに引き上げるのではなく、どちらかというと少しトラックに残って「余韻」に浸りたいタイプだった。おそらく、忘れないように感覚をインプットしていたんだと思う。

逆に、不安だからその場に残るという選手もいる。またスタート前に、待機場所からスタート地点へすぐに飛び出していく選手もいれば、ちんたら入ってくる選手もいる。他の選手が出ていってから、意図して最後を狙って出ていく選手もいる。そのスタイルは様々だ。

ただポイントは、集中しすぎず客観性を失っていないことが重要で、その選手特有のキャラクターがぶれていないことが最も大事になってくる。そういった見方をすれば、ある意味では大会に対して正しい入り方をしないと、勝負は簡単に決まってしまうことになるとも言える。

例えば雨が降っていて、スタート前に少しでもそのことを嫌がるような反応を、他人に分かるように見せているようでは話にならない。という次元になってくる。

そして、選手同士は大体レースを1本走った姿を見れば、互いの調子の良し悪しなどは何となく分かってしまうものだ。大会中に修正できる幅にも限度がある。だから、8人で行われる決勝になった時点では、ある程度選手間での趨勢は決している。「大体、この3人での優勝争いになるだろう」と感覚的に結末はすでにどこかで分かっている。

ウサイン・ボルト選手は、このレースの前後の所作が非常に「美しかった」。というか「らしかった」。要するに自然体だった。大会スタッフとタッチをしてみたり、カメラが寄っていくと余裕の表情を見せたりしていたのを覚えている人も多いと思う。

元々ボルト選手には、とんでもないエネルギーが内在していたはずだが、それを無駄に四方八方にまき散らしてしまうのではなく、パフォーマンスに転換しながらうまく外に出してコントロールし、自然にフィニッシュへと向けていた。そういったことが、演じているようで実は自然体にできる選手だった。

そういった面では、日本勢では山縣亮太選手が非常に安定している。山縣選手は、予選であっても変な精神状態で走ったり、下手な流し方をしたりすることは決してない。

逆に、中には無理矢理自分のテンションを上げようとする選手や、いつも逆転されてしまう苦手な終盤で中途半端な流し方をする選手などもいる。本来、自己と他者の勝負に徹していれば、そういった〝無駄な動き〟は必要ない。

つまり、勝負を決する時や勝敗を分けるものというのは、勝ち負けが決定する瞬間にあるのではないということだ。一連の行動の中にある「初動と終わり」、そしてその人間の「立ち振る舞い」の中にこそ、その刹那がある。

第2章

感覚の世界

イメージを具現化する力とは?

空間把握自動操縦モード

走る人間の磁場

速く走る技術や内面的な感覚は、小学生の頃から森の中や校庭などで「かけっこ」をする中で身につけてきた。こういうふうに走ったら制することができる、こういう抜き方で勝てる、というものを自然と学び、培ってきた。自分の感覚と身体にインプットしてきた。

走ることが技術論一辺倒にならず、勝負の場面や、そこで走る人間の空気を感じるセンサーが磨かれてきたので、「この選手と走るのは大丈夫」、「この選手とリレーで同じ区間なのは、ちょっと嫌だな」とまず直感的かつ鋭敏に感じ取ってしまう。言い方を変えると、これが僕の勝負勘の一つでもある。だから逆に、相手がどんなフォームで走るかといった細かいところには、あまり興味が涌かなかった。

ソムリエの方は、ただワインに詳しいという存在ではなく、お客さんが店に入ってきた時の雰囲気から会話、表情などまで感じて、勧めるワインを選択するという話を聞いたことがあるが、その場に流れる全体的な情報の把握力という意味では、スプリンターとしては僕も少し似たところがあるかもしれない。

選手同士が横に並んで走るというのは、僕の言い方で例えると社交ダンスのようなものだ。それぞれに持つ波長が合うか、合わないかが実は重要なポイントだったりもする。

そして、依然として僕の中にはあるのだけれど、一緒に走るとよく自己ベストが出る選手がいた。いわゆる相性がいい選手だ。僕にとっては、オーストラリア代表のパトリック・ジョンソン選手がそうだった。

この選手は、アイルランド系白人の父と、オーストラリアの先住民族であるアボリジニの母を持つ選手。僕は彼と走ると非常にいいレース、ないしはいいレース運びをできることが多かった。

競技場での双方の距離感、備えている空気感、すべてにおいて「感覚的」に合った。選手は、ウォーミングアップをするサブトラックで「この動きを、この場所でする」と無意識に選択していくのだが、それが不思議とお互いバッティングすることもなく、お互いの存在を感じながらも、僕は違和感なく同じ空間にいることができた。


その代表的なレースは2003年の水戸国際という大会だった。100m決勝は追い風1・8mの条件下、彼は黒人以外で初の9秒台となる9秒93のオーストラリア新記録。僕も10秒03と自己ベストをマークした。この大会の前は、実はあまり好調ではなかった。だけど、彼という存在のリズムや波長のようなものを感じることができたので、その時は結果的に彼に引っ張られたような感じだった。

一方で、相性が合わない選手もいる。僕の場合は、小柄でピッチ（脚の回転）が速く、ストライド（一歩の長さ）が長めの選手が嫌で、後方でちょこちょこ動かれると駄目だった。隣のレーンで走る時は、双方良くない結果になることも多かった。

中でも、アテネ五輪の１００ｍ金メダリストでもあるアメリカのジャスティン・ガトリン選手の走りとは、まったくといっていいほど合わなかった。強烈なパワーに傾倒したリズム感を内包する走りは、僕の走りとはどうも波長が合わなかった。

以前師事したトム・テレツが、こんなことを言っていた。「故障明けの選手をカール・ルイスと走らせると、怪我が治る」と。カール・ルイスは非常に効率的な動きと、そういったリズムを持っているので、一緒に走るとシンクロして怪我をするような無駄な動きが消えてしまうのだそうだ。つまり「走り」にも殺法と活法がある。ともに走るだけで見えない相互作用が発生し、これもまた競走の奥深さとも言える。

ボクシングや柔道などでも好勝負になる組み合わせと、両者に実力がありながら凡戦になってしまう組み合わせがある。１００ｍは両隣がスレスレの近い位置で走るからこそ、その相性が出やすいことがこの競技の醍醐味の一つで、誰と誰が隣のレーンになるかまで注目して観てもらえると、また面白いと思う。

僕がなぜ、陸上競技をそのような視点や感度で見たり感じたりする傾向にあるのかは、視覚以外の情報をキャッチしている割合の方が、圧倒的に多いからかもしれない。

音や匂い、風向き、湿気、そして人の感情など……。競技場には、様々な可視できない〝念〟や〝動き〟がある。僕の場合は、むしろそっちの方が情報としては圧倒的に強く感じる。だけど、それらはあくまでもこちらが自然体で、空間全体の情報に逆らわない姿勢でいないと、感じ取ることはできない。

そして、そのうえで大事だったのが、自分の今できる以上のことは「求めない」ことだった。いかに、その環境に適した最善の動きをするか。だから、競技場に入って何か「嫌な感じ」がしたら、急遽、出場する種目を変えたり、出場自体を取りやめたりすることだってあった。

僕は、そういう状態でいることを「空間把握自動操縦モード」と名づけているが、ラジオのチューナーを回し、針を動かして周波数を合わせているようなイメージに近い。これまで、その場所の磁場、人の磁場、それらの様々な周波数を捉えて走ってきたし、今は、逆にその磁場に頼って、パフォーマンスを高めたりもしている。

未知＝進化、不・未知＝退化

知らない現実を楽しむ

世界を舞台に走っていた20代の頃と、41歳になった今とでは当然ながらまったく違う。かつては、スタートの号砲に対する身体の反射も当たり前だが速かった。というよりは、意識せずとも「反応」できていた。

以前は、号砲の「パン」という音の「パ」という瞬間に意識も身体も反応していた。だが、今は「パン」の「ン」が残響しはじめてからでしか反応できなくなっていることが分かる。

だから、現在行っている練習では、残響するような短い炸裂音を自分から約

２m以内の距離で自分の後方から鳴らしてもらい、自分の手足の末端を反射的に反応させるというメニューも取り入れるようにしている。

こういったセンシティブなトレーニングを行っていると、年々反応する力自体が確実に衰えているとも感じるが、スプリンターとしては新しい発想を持って回復させたいところだと思っている。

ただ、一方で歳を重ねた功もある。それは「走っていなくても、速く走れることが理解できてきた」というのが、その一つである。

どんなスポーツをやっても、プレーすることを意識せずとも「自動的」に身体や感覚を結びつけられるようになっていること。それは、何をやっていても自動操縦のように感覚にアジャストしてくれる。ただ、これは肉体を動かすという点だけに限定されるものではなく、文字を書いている時、何かを眺めている時、ふと風が頬をつたう瞬間にさえも働く力だ。

スポーツという範囲では、走ることやサーフィン、総合格闘技なんかもやるのだが、これは僕の中ではどちらかというと感覚に取り込みやすいもの。それぞれの動きや感覚が、陸上ではこういう動き、こういう感覚などと勝手に身体が「変換」してくれる。これは、20代の頃にこなした猛烈な練習量の絶対値の賜物なのだと思う。

このことが脳の働きなのか何なのかを、理屈で突き詰めたりはしないけど、身体に与えた刺激や情報を、勝手に身体が「走る」ということに変えてくれる。だから、スポーツであれば、別に陸上だったらこうだなんて頭で考えなくてもいい。言葉で説明するのは難しいが「身体が一番身体を理解し、身体自体が身体を信用している」という表現が合っているかもしれない。

結局、運動とは本来理屈が優先されるものではなく、イメージや感覚が優先されるものなのかもしれない。かつて、トム・テレツに師事していた頃、直接教わっていたのは2時間ほどで、それ以外の時間はずっとビデオを見てイメージして、翌日には前日以上の動きを反映させることができていた。

これにはテレツもすごく驚いていて、「なんで、できるのか？」と舌を巻いていた。それで僕は「イメージの力の繊細さです」と答えたら、「そんな詳細イメージを反映させられることなんてありえない」と言っていた。テレツでも、そういった部分では理解不能なところがあったみたいだった。


この話の流れからだと月並みかもしれないが、走ることで速くなる場面と、走らないでイメージしておく方がいい場面とがあるのだ。サーフィンでも、動画サイトのユーチューブで「異常」に上手な人の波の乗り方をずっと見ている方が、実際に波乗りをしている時よりも急に乗れるようになったりすることがある。僕自身が、イメージ先行のアスリートなのだろうと他競技をやることで改めて感じている。

ただ、以前まで、自分のことを陸上競技以外は不器用だと思っていた。だけどうやって改めて自己分析してみると、「イメージを具現化する能力」に関しては、極めて高いように思う。もちろんこれを器用というのかもしれないが、その理由として、きっと僕が自分の感じる感性を自己完結せず、外へ外へと100%剝き出しに解き放って生きてきたからではないだろうか。

例えば、自分にはまったく理解できないことがあったとする。「まったく理解できない」という事実を受け入れることは、あまり面白いものではないし、それがスポーツだったらそもそも身体では表現できない。一般的には、そういったことに対して少し反発や恐怖心もあると思う。でも、僕はそれに対して「何も」感じない。自分にとって、「情報としての損得」ではないところでどうやら面白がれるみたいで、好奇心に100%寄ってしまうようだ。

だから、ある面では良いことも悪いことも関係なく吸収してしまう。理解できる・できないは別として、何かを感じようとする感性は余すことなく全開にする。そうやって、発している空気感とか、感覚にいい要素を真似したり、加えたりして自身の感覚に深く落とし込んできたから、イメージを具現化する力＝現在の器用さにつながっているのではないかと思っている。

現在は、当たり前だが物理的な肉体の衰えは否めないものもあって、無理な鍛錬をすればするほど身体は壊れてしまう。ただ、前述したようなことが感じられるようになりはじめたのは30代も後半になった数年前からだ。そして、知らないことや、まったく理解ができない領域も多々あるし、それは今でもそんなことばかりだ。

そういう月日の中で、年々思うことがある。

進化・退化とは何だろう？

そう決定づけるのは、果たして肉体のそれなのだろうか？　僕はもう41歳になった。でも、以前よりも知らなかったこと、知らないことは日々増えている。というより、圧倒的に増え続けている。未知が増幅しているのだ。

ただ、もしかしたらその増幅が「進化」で、逆に「知っている」と勘違いしてしまい、自分に未知を存在させない、増幅させないことが「退化」というものにつながっていくのかもしれないと思うようになってきた。

「未知＝進化」

「不・未知＝退化」

今の僕の、座右の銘の一つといってもいいかもしれない。

他の競技を結ぶ力

瞬間的な対応力が磨かれる

僕の基本となっているスポーツが何かと言えば、当然だが陸上競技短距離走だ。それは「速く走ること」と言い換えてもいい。40代になった今でも練習しているし、身体はこれまでの感覚や経験を記憶している。

ただ、感覚や経験を蓄積してきた身体は、同時に飽きてもきている。もはや、トラックでのトレーニングだけでは刺激にならず、それだけではパフォーマンス自体も出しにくくなっている。だから、陸上競技以外のトレーニングにも挑戦して身体に新しい刺激を与え、トレーニング効果を獲得しないといけなくなっている。

「このスポーツのこの瞬間を意識したら、こうなるのではないか?」などと繊細な部分にも好奇心を持って、イメージしながら他の競技に取り組む。ただ、他競技のトレーニングの感覚を自分の中で結びつけられるのは、土台となる陸上の感覚をしっかり理解しているからだと考えている。

「若い頃からいろんなスポーツをやった方がいい」という意見もあるが、僕は100%そうだとは思わない。まずは、自分の能力を発揮できる競技を確立することが成長過程としては必要だと思う。そして、第一に軸となる競技の感覚や知識を身につける。そうでないと、そもそも他の競技をつなげる力や感覚自体が発達しないように思う。

もちろん、複数の競技をやってみるのもいいことだが、その中からより長く続けられるものを一つ選んで感覚の軸を作った方が、結局は幅広くて深い身体感覚を得られる気がしている。

僕が、陸上以外の競技をするようになったのは36歳ぐらいからだ。今はサーフィンと総合格闘技をやってみている。空手やゴルフもする。昨年は声を出すボイストレーニングもやってみた。

最初はサーフィンだった。きっかけは、総合格闘家の佐藤ルミナさんと知り合ったこと。彼は「多彩に究めていく」ことをモットーとしていて、総合格闘技だけではなくサーフィンもやっていた。

彼に誘われていざ始めてみると、海の上でサーフボードに立つことすらできない自分に愕然とした。陸の上で立つことは簡単だが、その「当たり前」ができなかった。陸上で走っていた時「重心の位置が〜」などと説明していたが、海上では通用しないほど自分の重心感覚はザルだったのかと痛烈に思った。

トップレベルのサーファーは、波の動きに合わせて前後左右にミリ単位で動く。僕の中では想像を超える波と重心の捉え方を、幼少時から体得している。

サーフィンが簡単ではないことは頭で分かっていたものの、実際に「まともに立つことすらできない」という事実を突きつけられると、陸上という枠の中で凝り固まっていた思考が解きほぐされていった。

でも、サーフィンと陸上は、僕の中では相性が良かった。

ボードに腹ばいになり、沖に向かって手で掻き進むことを「パドリング」という。最初は、これがまともにできなかった。沖まで行けないどころか、波を読めないと岸にあっという間に戻されてしまう。沖にすら出られない。挙げ句にはボードにも座れない。でも、そういったことができないのは嫌ではなく、むしろ楽しくて仕方なかった。体幹の使い方や、変わりゆく海の環境を感じることは本当に新鮮だった。

波の上でなかなか立てない日々が続いたが、そのうち「力の抜き方」が大事なのだと分かってきた。人間がどんなに力を入れたところで、当然だが波の力には勝てない。通用するわけがない。海面の動きに勝とうとするのではなくて、「対応」するのだということが分かってきた。

ただ、サーフィンを始めてすぐの頃は、丘に上がって陸上に切り替えても、サーフィンの感覚が変に身体に残っていて、走りが妙な動きになることがあった。サーフィンが陸上に活かせているのか半信半疑だったが、圧倒的に楽しいのでしばらく続けていた。

そして、サーフィンが自分の中で「100%活きる」と確信できたのは、2018年6月の神奈川県選手権100mの時だった。

レース中に、左脚の付け根を痛めそうになった瞬間があった。だが、反射的に右肩を後ろに回して左肩を前に出し、衝撃を逃すことができた。おかげで大きな怪我にはつながらなかった。これは僕が思うに、サーフィンをする中で不規則な波に対して、力を抜いて合わせる「力の抜き方」の感覚が、いつの間にか身についていたからだ。海に教えてもらったことが、陸上でこういうふうに活きるのかと、新たな可能性を発見した思いだった。

また、こんなこともあった。その日は「オーバーヘッド」といわれるような、身長以上の高い波が立っていた。ただ、波が打ち寄せる間隔は広かったので、大丈夫だろうと判断して沖に出た。すると、海のコンディションが激変。近くにいたサーファーたちは危険を察知して岸に上がったが、僕は一人、戻り方が分からず、沖に取り残されてしまった。

困惑しているうちに崩れる波を頭上から一発食らい、海中深くに引きずり込まれた。まるで洗濯機で回されるように揉みくちゃに。おそらく5秒くらいの出来事だったと思うが、前後不覚の時間は何分にも感じられた。溺れるんじゃないかという恐怖を感じながら何とか海面に顔を出すと、遠くに大きな波が2発も来るのが見えた。岸までは数十mもある。

「どうするか?」

おそらく1秒にも満たない思考だったと思う。

僕は、気がつくと波の方に向かって沖に泳いでいった。あまり詳しく覚えてないが、本能的に「これは逃げたらヤバイ」と思ったようだった。そして大きな波を直前で潜ってかわし、その後、波に揉まれて流されながらも何とか生還した。後から、居合わせたプロサーファーの人たちから「あれはいい判断だった」と言ってもらった。

この時に味わった「生きるか死ぬかの緊張感」は、自分の陸上競技を改めて客観視する契機になった。「一見して『危険』という時は意外に立ち向かっていった方がいい」とも感じた。自分の陸上の練習は守りに入っていないか？陸上を知ったつもりになって行き詰まっていなかったか？　と無意識に考えを探る機会にもなった。

そして、100％通用しないところに突っ込んでいくのは褒められないが、70％、60％くらい通用しないところに向かう姿勢は、大切なのかもしれないなと改めて自分を省みた。

また、サーフィンをやるようになって、雨や風、気温など気候に対する肌感覚が、より鋭敏になった。陸上競技場に入って、故障しそうな危ない空気を察した時は、走るメニューをやめることもある。

陸と海。

この対極的なスポーツを同時に行うことで、環境や状況に対する自己の「調整力」にスイッチが入った。そういった相乗効果で、身体感覚や競技観がより深まっている。互いのいい要素をつなげて活かす「共存させる力」が、両極の性質によって磨かれているとでも表現すればいいだろうか？

僕のような陸上競技者が、陸上競技の感覚軸を置いておきながら、陸上をやらなくても陸上を成立させられる。

究めるとは、この延長線上にあるのかもしれない。

イメージを具現化する力

創造は挑戦から生まれる

もし、僕に天から与えられたギフト（才能）があるとすれば、それは「イメージを具現化する力」だろう。東海大の高野進先生から指導を受けていた頃、二人のやりとりに細かい言葉は要らなかった。

「こんな感じで」

「こうですか？」

「そうだ」

いつもこんなふうだった。それで成り立っていた。アスリートは全般的にイメージと感覚、つまり抽象度の高いものを形にする能力に優れているが、その中でも僕は、感覚的なコミュニケーション能力が高い方だったと思う。

当たり前の身体表現だけではないモヤモヤした感情を、言葉でどう伝えるか？　探っていくとヒットする言葉が出てきて、他者に伝わるように変換できる。言葉にできると、モヤモヤも捉えられて解消される。このあたりの勘もわりといい方だったと思う。ただ、これはかなり脳を使う作業で、意図を正確に伝えるには、ものすごく繊細に言葉をチョイスする感性も求められる。

僕が世界のトップレベルで戦えたのは、単純な身体能力だけではなく、このイメージを具現化する能力に優れていたからこそではないか、と今は自己分析している。

元々小さい頃から、僕は他人の感情を強く受け取るような人間だった。外界に対する感受性、共感する力が鋭かった。

ただ、当時はまだ、感じたことをうまく言語化してアウトプットできなかったので、抽象的な感覚をそのまま受け止めることしかできなくて、そこにストレスがかかってしまい、よく下痢をしていた。

怒っている人、不安を抱えている人、悲しんでいる人、そういう人たちの感情を自分のことのように感じ取ってしまっていた。たぶん、そういう類いの人たちが、人里を離れて深山に籠るのだろうと今では思ったりもする。人と離れ、無垢な世界に触れていないと、自分を保てなくなる一面もあるのだろう。

僕は、学校の成績は大概「2」とか「3」だった。だけど、体育と美術だけは常に「5」だった。美術については意外に思われそうだが、かつて陸上の道に進むか、美術の道に進むか悩んだくらいだった。

たしか中学2年の冬だった。美術の授業で絵を描くことになり、テーマは「平和」だったと思う。「平和」だったので、ほとんどの生徒は明るいものとして表現していたけど、僕は紙を全部黒く塗って、真ん中に二つ縦に線を入れた。

黒も単一ではなく、ところどころ濃かったり、薄かったりした。黄色い折り鶴を端にあしらい、真ん中には黄色い目を描いた。そして、目は泣いていた。「平和」を逆説的に捉えたイメージをそのまま描き、その絵を見た先生からは「東京の美術系学校への進学を考えてみないか」と声を掛けてもらったりもした。きっと、びっくりして何か感じたんだろう。

その頃からだろう。僕はイメージを表現するのが得意で、暗記とかよりも抽象的なもの、自由度の高いもの、答えのないものに向き合う方に適性があった。ただ、それは表現する機会が多ければ多いほど、そういう力は勝手に養われていくのではないだろうかとも思う。

例えば、人が二人いたとして、片方が言葉を話せば、そこである程度の相互理解は生まれる。しかし、これが頭の中のイメージの共有となると、またちょっと違う。言葉のようにかっちりした形で一発では伝えられない場合、違ったコミュニケーション手段を取っていかないと、お互いの持つイメージをすり合わせられない。
そして、それは何よりイマジネーションが重要だ。よくテレビで箱の中に手を突っ込んで、何が入っているか当てるゲームをやっているが、そんな感じに近い。英語を話せない人がアメリカなどに行って、「トイレに行きたい」というのを、股間を指さしてジェスチャーで伝えるのも同じだ。

そういった自分の経験と照らし合わせれば、子供という存在には、どうやら最初から「答え」を求めすぎない方がいい。最初から答えの導き方が身についてしまうと、クリエーションする脳の部分が働かなくなって、発想そのものが湧かなくなる。

「創造」とは、すでに今あるものや日常に疑問を持ち、より良くできないかと頭を働かせることから始まる。「分かっている世界」ではなく、「分かりにくい世界」に身を置いて、挑戦することで新しいものが生まれてくる。

スポーツには、そういう面がある。

夢がある。では、それをどう形にするか。

成し遂げたことのない目標を達成する。

まだ見ぬ自分になる。

これらは、大きな意味で、イメージを具現化すること。それぞれの個人に内在する力そのものを、引き出していくことだ。

師弟の臨界点

言語化することで壊れる感覚の世界

僕は、競技生活において師匠を持つことに恵まれた。その師が心を開き、向き合ってくれたおかげで今の自分がある。

僕の陸上競技は、常に師匠と互いの感覚を共有してきた。高校時代は九州学院高校の禿雄進先生がそうだったし、大学時代は東海大の高野進先生がそうだった。その中で、特に感覚的な部分でのやりとりが強かったのは、高野先生だった。

大学時代、試合に向けての調整などでは、一切口を出されたことはなかった。高野先生は、400mで1991年東京世界選手権と92年バルセロナ五輪で入賞した偉大な選手ではあったが、スプリンターとして自分にない感覚に対しては決して手を出してこなかった。

今思えば、元々二人が持っていた感覚は、実はそこまで同質ではなかったが、それでも高野先生が口を出さなかったのは、僕の持つ感覚を共有し、その感覚の繊細な部分まで理解し合えていたからに他ならなかったと思う。

当時の僕たちは、「今日、どうだ?」、「こんな感じです」という会話ばかりだった。何も言わずとも、その日の練習メニューは、ほぼ完璧に予想できた。「200m1本+100m1本だろう」と思えば、高野先生が課すメニューも大概そうだった。「おそらく今日はこれだろうな」と見当がつく時、こちらから先生を試すように、わざと「今日は何ですか?」と聞いてみても、大体の思惑は一致した。

ただ、それくらい理解し合えていたからこそ、コーチングとしてはすでに早い段階で必要以上なものは要らない域に達していて、もはや一緒にいるだけでよくなっていた。競技者としての相性も良かったのだと思う。

そんな二人の間に「ずれ」が生じてきたのは、2003年パリ世界陸上選手権の後だった。僕は200mで銅メダルに輝いたわけだが、短距離種目でのメダル獲得は日本初の快挙だった。

そして、同時に高野先生は、その事実や過程・内容を外部に向けて発信・説明しなければいけない状況になった。「水平方向が〜」、「垂直の運動が〜」といったように、僕の走りやそれまでのプロセスを、多くの一般の人たちにも分かるよう言葉にしていった。

でも、当時の僕には、それは要らなかった。先生や僕が感覚のやりとりによって練り上げた走りだったからこそ、言葉には変えずに僕とは感覚のままでよかった。ただ、今思えば事が事だったし、高野進という指導者としての在り方としては、仕方のないことだったと思う。何より日本代表としての結果だったから、もはやそういった発信は義務ですらあった。

だが、外部向けの説明が盛んに必要になってしまったことで、僕の走りは「僕と高野先生だけ」の関係では完結しなくなってしまった。いい意味で、二人の間で完結していた部分が、「外向けに説明する僕」を求めるように先生が変わってきてしまった。そして、徐々に僕の中の感覚と、高野先生が言葉にしてしまう感覚とがしっくりこなくなっていった。

その結果、高野先生は一般に向けて話すのと同じ言葉で、僕と向き合うようになった。その時「僕は別です」と思ったが、僕は人間関係を重んじてしまい、師に合わせてしまった。そして結局引きずられ、崩れていった。

究極の師弟関係は、ある意味では「他者」の介入を拒むところがある。むしろ、拒まなければ生み出せないものもある。より深く通じ合っている関係には、第三者が入ってはこられない。そういった不可侵領域が、時に師弟関係には存在する。

結局、僕は2008年北京五輪の後、それまでの壮絶な過程の影響から、心身のバランスを異常なほどに崩してしまった。そして、それと同時に高野先生と袂を分かつことになった。

今思えば、どのみち、この師弟関係は完結していたと思う。もうすでに行けるところまで行き切っていて、あとは破綻するしかなかったのだろう。壊れるしかないところまで来ていたんだと思う。

その後、僕は東海大から離れ、たくさんの人生の先輩たちと関わりを持った。様々な人の人生に触れていった。そのおかげで、僕たちの師弟関係においても少し客観視できるようになっていった。

そして、そういった深い師弟の関係の中にあっても、ある場面においては、他者に介入されることも時には「必要」であると思えるようになった。

ただ、時を経ても高野先生はまた少し違うようだった。

もう僕の中には、先生とのわだかまりはなかった。ただ、この業界としては、少し腫れものに触るような、二人の関係に気をつかっている空気が何となくあった。なので、そんな状況を打開しようと、昨年ある先輩が僕たちの間に入ってくれた。

その先輩は、日本選手権の開催中、会場となっていた新潟市内で、ある会合をセッティングしてくれた。参加者は、先輩と陸上競技関係者、そして高野先生。僕自身も「ちょうどいい機会だから、みんなに僕と高野先生が話すところを見てもらって、すっきりしてもらおう」と思い参加させてもらった。

そして、緊張感をはらみながらもその会は始まった。

僕は、高野先生とは平塚の競技場などでも時おり顔を合わせていたので、普通に挨拶した。

「お元気ですか？」

すると、高野先生は、改めて僕にこう話した。

「俺はお前から逃げていたと思う。メダルを獲った時から、お前を見ようとしていなかった。本当に悪かった」

師弟関係が崩壊し、僕が心身ともに追い詰められてしまった過去への反省と後悔を、高野先生は話しはじめた。

「もういいですよ。それはいいんです」

と僕は言った。そもそも謝罪はもう必要なかった。


高野先生、伊東浩司さん、そして僕と、かつて日本短距離界の中心だった東海大は、今そういった時代からするとやや元気がない。そういった状態の母校を立て直し、僕以上のスプリンターを育てていく。そして同時に、僕のように苦しむ人間を出さないこと。それが、この二人の師弟関係の経験の活かし方だと僕は思っていた。

輝かしい過去は、越えていかなければならない。互いに、あの時を糧にしていくことが、本当に反省した証拠にもなる。でも、会話は「申し訳ない」、「もういいです」の堂々巡りで一向に進まなかった。

すると、先輩が意を汲んでこう言った。

「末續は、先生を今でも恩師だと思っていますよ」

ただ、その瞬間、高野先生の表情は一気に変わり、目の色も変わった。

「お前、誰だ！」

「なんで他人にそんなこと言われないといけないんだ！　お前は他人だから黙ってろ！」

と言い放ったのだ。

先輩も、その意を踏みにじられたことで憤慨した。その場はつかみ合いの喧嘩寸前になってしまった。同席していた関係者らは慌てて間に入り、二人を引き離すことでその場は何とか収まった。

その会の帰り道で、僕と高野先生は二人きりになった。そして先生は、こう口にした。

「俺は、お前とだけの関係で完結していていいんだ」

と……。

二人の時間はスペシャルだった。高野先生にとって。もちろん、僕にとってもスペシャルだった。それは間違いなかった。だが、スペシャルだったからこそ、最後の最後に終焉を迎えたのだろう。何人たりとも立ち入れないという関係だったから。

その関係をずっと続けていくためには、成功も失敗もその都度解決して、乗り越えていかなければいけない。

成功体験だけで成り立っている関係は脆い。

もう自分の中では、若い頃の激闘の日々は整理できている。高野先生に対しては、「僕はこの人のことが嫌いじゃなかったんだ」と心から感じている。誤解していたわけでも、すれ違ったわけでも、裏切られたわけでもなく、あれが師弟の臨界点だった。

いや、師弟関係の臨界点を越えていたんだと思う。

今は自らの足で立ち、過去を振り返れるようになった。そして、かつての師への理解はより深くなった。2003年パリ世界陸上選手権で二人の師弟関係は極まり、二人の挑戦は完結していた。でも、そこからいたずらに臨界点を踏み越えてしまうと、結局待っていたのは破綻だった。ただ、そうやって破綻してしまうと、その後、関係は否応なく長くこじれてしまう。

今、僕が師になったなら？　と考えることがある。それで、もし教え子とそういったところにまで行き着くことがあったなら、何と言うだろうか？

師に習い、師を破り、師を越える――。

まずは、師からすべてを素直に吸収し、そしてその師との違いを生み、感じ、そして自分で考え、最後には、その受け継いだものをよりそれ以上のものへと発展させていく。


僕と高野進は、世界選手権銅メダルという「結果」を刻んだ。

もし僕が、今後誰かを指導するようなことがあるとすれば、目指す先は僕の実績以上のものか？　金メダル？　何なのだろう？

ただ、指導者になるためには、高野進という指導者との時間すべてを受け入れないといけなかった。良かったところも、悪かったところも。すべてを認め、恩を受けた師として、愛を持ってその師を越えていかないといけなかった。


20歳の時、父親を亡くした僕に、並走してくれたのは高野先生だった。だから、この境地に至るまで20年近く悩んだ。

同時に、こんなにも深く、尊い絆は師弟関係にしか生まれないものだということを知った。

僕は、これまで「師匠になってください」と頼まれるのは嫌だった。

でも、今は違うみたいだ。

すべての師に、心から感謝している。

第3章

五輪哲学

現代におけるスポーツの存在意義とは?

五輪哲学

不平等を乗り越えた先のフェアプレー精神

2020年春、新型コロナウイルスが世界的に大流行し、全世界にかつてないほどの影響を及ぼした。

そして、それまでの人の価値観、生活様式、必要なものと不要なものなど、様々なことについて改めて考えさせられることになった。これまでのスポーツは当たり前のように社会の中に存在していたが、その存在価値が失われる事態に直面したといっていいと思う。インターハイが中止、プロスポーツは無観客となり、挙げ句には東京五輪ですらも開催自体が危ぶまれている。

こういう時だからこそ、41歳の現役アスリートとしての僕は、競技力という一面だけではなく、その枠を越えて表現していきたいと思っている。今僕は20代、30代だった頃とはまた違う思想、考えを持って走っているからだ。

東京五輪までのプロセスは、これまでまったく経験したことのないものだった。かつてスポーツや五輪は人間の生き方を表現するもので、人類の発展につながるものとして文明・文化レベルで前向きに捉えられていた。ある種「純粋」の象徴だった。

ところが、現在の五輪はコロナ禍の非常事態においてだが、「五輪は開催しないといけないのか？　そもそも五輪は必要なのか？」といった疑問を突きつけられている。だから、スポーツや五輪は今、その意義や原理原則といったものを丁寧に説明し、多くの人に理解してもらわないと、価値のないものとして簡単に脇に追いやられてしまう存在になっている。

もちろん、「コロナ禍なのだから、医療現場の負担にならないよう五輪を開催するべきではない」という声があることは十分に理解している。そのうえで、あえてその論点ではないところで話をすれば、２０２１年は最悪五輪を開催しなくていいとも思う。

だけど「五輪とは何ぞや」という点は押さえたうえで、判断してもらいたいと考えている。そのためには、オリンピズム、五輪の哲学というそもそも論を明確に掲げたうえで判断しないといけないと思う。時代や世界情勢によって五輪が開催できないことはあったとしても、五輪の魂の部分は揺るがせてはいけないはずだからだ。

結局、日本国内の五輪に関する議論がいつまで経っても建設的にならないのは、その存在意義が曖昧にしか浸透していなかったからだろう。そもそも、五輪自体が正当に認識されていない。「一つのイベントとして」、「ビジネスとして」、そういう認識の人が多いように感じる。

本来、五輪は人の精神性に大きな影響を与える存在のはずだが、それ以上に、近代オリンピックは物質的なもの＝ビジネスに重きが置かれてしまっているのが現状だ。だから、前述したような本質的な理解を広げられないまま、強引に準備を進めてきたスポーツ界や国の在り方がこの認識を生んでいる。

僕は、日本という自国で、そんな状況を見るにつけ苦痛を感じる。

多くのアスリートが経験を積み重ね、練られた哲学をもとに進めてこなかったから、五輪の存在の足元がおぼつかなくなっている。だからこそだが、五輪に命を懸けて、ぶつかって、世界と戦って、肌で感じて、「五輪とはこういうものである」と体感してきた立場からすると、悲しく寂しい限りだ。

僕がこれまで出場した五輪を振り返ると、もちろん崇高な大会ばかりではなかった。「本当に、これが五輪なのか」と疑問が残るような大会もあった。2008年の北京五輪がそれだ。400mリレーで銅メダルを獲得したが、優勝したジャマイカの選手のドーピング違反で銀メダルに繰り上がった。レースが終わってから、メダルの色が変わるまで要した時間は10年である。

日本は世界的に見ても、選手の競技環境は比較的恵まれているが、海外でプロとして活動している選手の中には、成績によって生きるか死ぬか、殺伐としている状況があるとも聞く。だが、そういうことと、ドーピング違反が許されるかはまったく別問題だ。

仮に、一人のアスリートが出来心でドーピング違反をしたとする。そういう人間が増えれば増えるほど、トップレベルであればあるほど「結局、アスリートは全員どこかで違反をしている。それは、ただ見つからないだけで」と世間から思われてしまうかもしれない。そして、そのスポーツが掲げる精神性としての損失は限りなく大きい。

僕は、五輪こそ「綺麗事」を言ってナンボだと思っている。この世には「綺麗事」で済まないことがたくさんある。だからこそ、五輪というスポーツの現場での真っすぐさが大きな意味を持つ。スポーツが真っすぐでなかったら、スポーツとは？？？　になってしまう。

スポーツは、参加する全員に対して共通のルールがあることで、フェアを表現する。言い換えると、スポーツはルールでもある。スポーツ＝ルールだ。それは、みんなが同じ体型や能力、同じ価値観ではないことが前提だからこそ、そういった決して越えられない「不平等」、「個性」を最低限「平等」化する。

要するに、せめてこれは守ろうという規律でもある。

僕とウサイン・ボルトとでは、根本的な身体能力が違う。そこには歴然とした差がある。でも、それは僕も当たり前に受け入れている。むしろ、そこを「平等」にしようとは思わないし、スポーツの論理はそこにはない。

そして、僕は結局のところ、そこは埋め切れなかった。でも、埋められた戦いもあった。能力そのものは時に拮抗する場面はあるが、まったく同じ力が存在しているということなどない。そういった狭間で自身の持っている力を最大限に発揮し、競い合うことに本当のスポーツのフェアプレー精神が宿るのだ。
埋められない。どうしようもない。けれど、ルール＝スポーツに則って、最善のパフォーマンスを出して戦っていく。それがオリンピズムでありスポーツであると思う。

時に人間は自分勝手で、自分のことしか考えられない時がある。それはアスリートもそうだ。スポーツのような勝負事や、白黒つけるような世界には、特に「ルール」が必要だ。そうでないとアスリートは野蛮になってしまう。でも、その極限のところで、その一線を守れるからこそアスリートは尊敬されて、輝く。そしてそこに、教育的な価値さえも生まれてくるのだ。

アスリートかつ五輪選手の持つ哲学は、フェアの本質を理解したうえで練られてくるものだとも思っている。

なぜドーピングは駄目なのか？

過ちが教訓となって生まれる赦し

かつて、小学生に「なぜドーピングは駄目なのか？」と聞かれたことがあった。30歳前後の頃の講習会でのことだった。でも、その時の僕は、決められたルールについて通り一遍の説明しかできなかった。駄目なものは駄目だ、と。健康に悪いから、などといった月並みな返答しかできなかったのだ。

すると、子供たちからは「めちゃくちゃ競技力を伸ばす練習とは、どう違うの？」、「健康に悪いというのならタバコはどうなの？」と返された。論点は違うにせよ彼ら彼女らは純粋で、そういった極端な話も変だとは思わない。それに対して、その後も僕は具体的には何も語れず、情けない思いをした。

ドーピングはスポーツにおいて、「罪」とされている。

そして、その罪は大会直後に発覚する場合や、長い年月が経ってから、最新の検出技術によって発覚するということもある。

でも、時おりその罪を犯した選手の中には、大会に出場する資格停止期間を終えて、「もう罰を受けたからいいんだ」と変に開き直っていたりする者もいる。もちろん罪を償ったのだから、その後も償った罪を課し続けることはあってはならないことだ。

だが、その世界で常にクリーンに戦ってきたアスリートからすれば、だからといってそういった開き直る姿勢や論理を目にしたり耳にしたりすると、心の底ではどこか釈然としないところがあると思う。

罪もドーピングも、形式上で償って「はい、おしまい。それは、それ。これはこれ」ではなく、その事実が本質的に消えてしまうものではないと思う。であれば、本当の償いとは？　赦されるとは？　どういうことなのかと考えてしまうことがある。

では、そもそもドーピングは、なぜ駄目なのか？

これは僕の個人的な考えだが、「競技スポーツは、本来平等ではない」からだ。元々身体能力の違う全世界の選手が競い合う世界に、そもそも平等などあるのだろうか？

もちろん平等を目指す前提はある。人類が平和を目指すようなものだ。でも、そこに完璧な平和や平等はないと思う。みんな違う人間がいる以上、それは人類の大きな未来像といったようなものだ。そして、それが未だないからこそ、そこを出発点に努力し合うことが前提にあるものが、人の文化として生み出したスポーツであり、競技スポーツでもある。

そして、競技スポーツには、当然最低限守られなければならない公平性といったルールがある。それはみな性別・人種・価値観・身体能力のまったく違う人間が参加するからだ。世界共通に規定された最低限のルールを設け、時代とそのルールと向き合いながら、本来平等ではない世界に、本当のフェア精神とは何か？　と、「平和という名の秩序」の思考を生み出す。

ドーピングは、平等でない事実にさらに不平等を生む行為と思考だ。もはや平等すら目指せない。平和を諦めるようなものだ。秩序と哲学のない競技スポーツは、動物がやっていることとさして変わらない。「人間」が持つ力で行うスポーツこそが、人間のスポーツだ。

2008年北京五輪の400mリレーで、ジャマイカ選手のドーピング違反によって、僕たち日本チームはメダルが銅から銀に繰り上がった。だが、当該のジャマイカ選手は、自身の違反についてまったくといっていいほどコメントはしていない。正直もっと声を残してほしかった、というのが本音だった。

当事者が本質を何も語らないのは、何の解決にもならない。理由が分からないことは、同時に整理もできない。ただでさえ、繰り上げなんていう喜ぶべきものではない事実に対して、ドーピング違反の本質的な理由が分からないのは余計に傷つくものだ。

理由は何だってよかった。「勘違いだった」でも、「周りにはめられた」でも、なんでもよかった。もっと話さないと、罪の本質が見えてこない。見えない事実が多すぎるのは、また同じことを繰り返す原因にもなりうる。

以前、世界各国の刑務所を紹介する海外のテレビ番組を見たことがあった。刑務所内のギャングに刑務所内を統制させるところや、罪人を叩いて懲らしめるところなど、その在り方は国によって様々だった。

ただ、北米では塀の外にこそ出られないものの、内側は驚くほど「自由」で驚いた。罪を憎んで人を憎まずではないが、そこでは再犯させないために、犯罪者に「罪悪感」を持たせることを根底としているようで、日本とは罪の捉え方が少し違うように感じた。

また、生田斗真さんと瑛太さんが共演した『友罪』という映画では、劇中に人の死（殺人、自殺、交通事故など）について罪悪感に苛まれる描写がある。それぞれが、それぞれの罪の実態が見えることで、何かが次へとつながっていく。

ドーピング違反だって、生活のためだけにやっているのか、コーチがそそのかしたのか。どんな背景があるのかは僕らには分からない。でも、いずれにしても、明らかにしてほしい。少なくとも、僕らはその戦いに関わった人間たちなのだから。

そして違反を犯した人間は、それをどう認めて、どう説明して、どう反省して、今後どう生きていこうとしているのか？　もし仮に、うっかり風邪薬を飲んで違反になってしまったのなら、その経緯もしっかり伝えていくべきだ。

背景が見えないからこそ、その後の違反も減ってこない。違反の真理と心理が見えてこない。そもそも人間が人間である以上、もしかしたら違反はなくならないのかもしれない。でも、極力減らすことはできるのではないかと思う。どういう思考でドーピングに手を染めたのか。そこを解明していくことで、そういった人間への理解自体が深まっていくと思う。真っ当に生きている人も模範になるけど、罪を犯した人がどう更生していったかも立派な模範になる。

ドーピングはいけないことではあるけれど、人間だから間違いはある。「ドーピングを根絶する」という考えは、ある意味では人間を否定しているような気がしてしまう。だから「根絶」の前に、まず認知や理解を深める段階が必要だと思う。

そして、同時にアンチ・ドーピング活動を推進するため、ドーピングをやっていないクリーンなアスリートに話を聞くのも非常に大切かもしれない。彼ら彼女らは、やらない理由を話す。ルールだからやらないといったような月並みな回答ではなく、やらない理由に哲学と美学を持ったうえでの話だ。

犯した罪を償うことはできる。だが、自身の犯した罪を決して忘れてはいけない。忘れてしまうと、人はまた罪を犯すからだ。その過ちが、その後に教訓として歴史に受け継がれるからこそ、「赦し」は生まれるように思う。時が何か浄化していくように。

そういった時間があってこそ、本当の意味で違反者は赦され、周囲もそれを赦していくのかなと思う。

闘技者と競技者

プロ・アマの違いとは

現在、日本国内で行われているチャンピオンシップ（選手権）スポーツといわれるものの多くは、アマチュアスポーツである。

ただ、代表的なものとして野球・サッカー・テニス・ゴルフ・バスケットボール・ボクシング・カーレース等に至っては、その中でのトップリーグ・トップトーナメントが日本国内では「プロスポーツ」として成立している。そして、陸上競技はというと「アマチュアスポーツ」の分類になる。

スポーツ選手がこの社会で活躍する際、この二つの概念的世界が存在する。

プロスポーツといわれる世界とアマチュアスポーツといわれる世界だ。

そして、この二つの違いを「分かりやすく」決定づけるものがあるとするならば、思想や哲学の話は置いといて、まずは選手のプレーや行動に対しての「対価＝お金」の違いになる。

どの世界でもそうだが、プロとアマといわれる世界は違う。まず、行動に対するその対価や責任が明確に違う。アマチュアがどんなに活躍したとしても、プロが活躍した際に受け取る対価とでは、天と地ほどの差がある。

ただ、それは元々プロが負っている責任や厳しさそのものが、圧倒的にアマチュアよりも重くて広範囲で、自身の死活問題に直結するからこそ、然るべくして受け取ることのできる対価でもある。

アマチュアスポーツには、基本的に「引退」という概念がない。あくまで自身が得意とする競技に向き合い、高校や大学、実業団と、どのレベルまで進んだとしても、生涯スポーツとして一生関わっていけるような世界だ。引退という概念そのものがないのだから、現役と引退の線引きなど本来はない。

この点、プロスポーツの世界は違う。基本的にはビジネスの世界であり、金銭という「対価」が大きな軸として関わってくる。選手は所属チームに「必要ない」と契約を切られて、その後どこのチームとも契約できなかったら、引退するという形でプロスポーツの世界との線引きをしないといけない。それは、そういった「対価」が大きく動く中での責任が明確に存在するからだ。

僕が思うに、アマチュアスポーツの選手を「競技者」だとすれば、プロスポーツの選手は「闘技者」だ。古代ローマのコロッセオで、剣闘士が剣闘士同士、あるいは猛獣との殺し合いをしていたが、彼らはそこにアマチュアのような世界観はなく、命と生活そのものを懸けていた。

以前の僕はアマチュアスポーツの競技者だった。だが、ある一部分の思考においては「闘技者」的だったように思う。

僕自身、プロのように対価に対してシビアな方ではなかったし、僕の周辺にいる人たちもアマチュアが基盤の環境なので、必要以上にそういう感覚も育っていなかった。

ただ、なぜか五輪や世界大会に出場する際は「結果が出なければ死ぬ」、「日本に帰ってきてはいけない」と極限まで思い詰めて走り、「結果がすべて」、「負ければ死ぬ＝引退」といった思考にもなっていた。本来、僕がいるアマチュア業界はそういう世界ではなかったのだが、そのように追い詰められるような精神状態になってしまっていた。

この頃、ちょうどアマチュアスポーツが「プロ」の要素を導入したがっていた時期でもあった。そして、アマチュアスポーツの世界の選手が、そこに「アマチュアの意義」を見出せず、金銭的なものに依存して少し興行的なニュアンスが入りはじめていた。五輪の商業化や、選手と企業との契約形態などが、その最たるものだ。

今、日本のテレビで見るような競技スポーツは、純粋に技を競って競技する一面と、演出や見世物としての一面という大きな二つの側面がある。そして、その双方が複雑に絡み合い、それが「日本のスポーツ」として表現されている。ただ、日本人の気質からして、どちらかというと純粋に技を競って競技するというスポーツの見え方の方が、現段階では一般的に受け入れられやすいのではないかと思う。

ただ一方で、そういった日本スポーツの世界観・状況であるからこそ、その世界の中で生きるスポーツ選手は、プロ・アマ問わず競技中においては環境や周囲との関係性をより明確にし、場合によっては線引きもしっかりとしておくことが必要になってくる。

僕がいた日本でのアマチュアスポーツといわれる世界においては、競技者があるカテゴリーで一定レベルに達すると、対価・目的などの線引きが「自身」よりも「他者」の方がグレーになってしまうことがあった。

そもそもプロ・アマの違いは「競技への目的」にある。プロは競技に対して生活や対価を目的とし、アマは競技への自己探求を目的とする。どちらが純粋かどうか？　という話ではなく、プロ・アマは目的そのものが違う。

だが、僕のいたアマチュアスポーツの現場では、なぜか競技力が上がるに従って、その周囲は間接的に体験したのか？　何らかの知識を得たのか？　アマチュアであるはずなのに、表面的な「プロ」という解釈だけで半ば本物のプロであるかのように、絶対的な結果や広告塔としての活動・行動などを要求しはじめていた。

ただ、だからといって、そういった両者の関係に本当のプロのような正当な対価があるかというとそうではなく、明確な決め事もなかった。過渡期のアマチュア業界だったからこそ、そういう状況に陥っていたのだろうが、まだ業界の人間や選手に本当のプロ意識は皆無で、明確なシステムも世界も存在していなかった。

だから、選手には気持ちや実績に対してプロ意識を求めるが、それに対応する周辺の機能や状況やシステムには非常に問題が多かった。アマチュアにそこまでの評価や対価はないはずなのに、プロ意識だけは求めてくる……。よく分からない捻れが起きていたように思う。

こうして振り返ってみると、以前僕がいた世界は、そもそもプロ・アマ・セミプロという世界ではなく、何とも言えない単なる「グレーゾーン」な世界だったように思う。元々自分自身の気質自体は「闘技者＝プロ」寄りの感覚が強かったにせよ、そういう感覚と当時の周囲との感覚には大きく違いがあったのだと思う。

だから、その狭間で非常に苦しんだし、結果的には自らその場所を離れて外に飛び出すことで、今となっては精神的なところだけでなく実質的なところでも、当たり前の均衡を保つことができはじめた。

もし、仮にアマチュアスポーツといわれる世界で、周囲からあたかもプロに求めるように、何らかの形で必要以上に「結果を出さないといけない」という理屈があるのなら、それは本来お門違いだ。

そもそも、肉体を酷使して人生を押し進めていく「アスリート」は、プロ・アマ問わずその存在のすべてを自己責任で負うという「仕事」を行っている。だから、そういった「アスリートの仕事」以上の責任を伴う仕事は、プロの世界にはあるにせよ、アマチュアスポーツという世界には本来存在しない。

アマチュアスポーツの世界においては、選手自身ではなく「周囲が結果を求める」という関係性自体が、アマチュアスポーツの精神性から大きくかけ離れている。ただ、プロの世界においては、自他ともに負うその「責任」そのものがともに死活問題となる。そういう世界だ。みなが自分の死活問題の中で生きているからこそ、そこに大きくシビアな対価が成り立つのだ。

そういった論理がある中で、そのことに無自覚・無感覚な人間が、そのままスポーツに対して何らかの仕事として関わると、「結果」といった重要な部分を「要望」ではなく「希望」レベルで、無責任に投げよこしてしまう。実はプレーヤー（選手）サイドに近い関係性ほど、その傾向が強い。

これは、アマチュア業界ではよくある話で、当人たちは対岸の火事のように遠いところにいながら責任を回避し、アマチュアとプロ双方の甘い蜜を吸う。これはプロ・アマ問わずスポーツ業界に巣食う暗部でもあり、衰退する原因でもある。聖域的なアマチュアイズムの傘に隠れた卑しい側面の一端である。

僕がアマチュアスポーツの最前線にいた当時、スパイク・ウエアを作るメンバーとは本当にいい「仕事」ができた。僕と彼らの間にあったのは「希望」ではなく「要望」だった。より速いタイムで走るため、僕の方からは感覚を伝えてスパイクを改良する「要望」を出し、彼らもそれに応えて自信の一品に仕上げる「仕事」をしてくれた。そこには一切の妥協はなかった。

そして当然のことながら、僕に速く走ることを求めてくる。僕は、それに何の違和感もストレスもなかった。それは単純に、目標に向かって同じ姿勢で臨めていたからだと思う。

若い選手たちと所属先とが「グレーゾーン」、「なあなあ」の関係の中で、双方苦しんでいる話も時おり耳に入ってくるものの、2000年代初頭に比べると、今はだいぶ陸上選手たちの競技環境も改善されていると聞く。

選手と企業がきちんと話し合い、お互いに責任を請け負って然るべき仕事を行い、「仕事とは？」というものを双方でしっかりと考える、立派な企業スポーツの存在も生まれはじめてきているようだ。

こういう話を聞くと、日本のアマチュアスポーツは明るい未来へと歩んでいるように思える。そして、未来のスポーツ選手は「闘技者」ではなく、やはり純粋な「競技者」であることが本当のスポーツであり、幸福であると今は心から思う。

勝敗哲学

勝ち負けに囚われた奴隷からの脱却

現代のスポーツの在り方は、一般的には「勝利至上主義」を基本としている。そして、その中で生きる競技者の人生もまた、そういった思想基盤を前提としていることが多い。

もちろん、僕も現代のスポーツシーンに生きる人間の一人ではあるが、その世界で培った僕の勝敗哲学は少し違ったものがある。

そもそも「勝つ」といっても、様々な解釈と意味がある。単純に「レースで勝つ」ことが「勝つ」という定義ではあるが、決してそれだけが答えでもない。勝ちたいと思う対象が「記録」、「全国制覇ではなく地区大会優勝」などそれぞれ違っていたり、「己に勝つ（克つ）」といったりすることもまた「勝つ」という解釈に当てはまる。

そして、人によっては勝ち方の内容にこだわることだってある。勝利には様々な形がある。そして、逆にどういう負け方をしたかにもこだわることだってある。「かけっこでどういった形で先着された」ということで表現することもあれば、「ゴールの直前、自分で諦めて負けた」という「対自己」に分類されるものだってある。敗北もまた様々だ。

この世の中に、勝ち負けを一度も経験していない人はほとんどいないと思う。アスリートは、明と暗が極端に表現される分かりやすい世界に身を投じているが、受験生だって入試の得点の1点で、人生が変わってしまうシビアな勝負の世界を戦っていたりもする。人間は生きている以上、勝ったと感じる優越感、負けたと感じる劣等感を、どこかで味わうことになる。そういった勝敗感覚というのは、人間が持つ煩悩的な部分に根づいたもので、大小問わず決して避けては通れない。

では、人生が勝敗と、それにまつわる感情から逃れられないとするならば、どう向き合うべきなのだろうか？

勝敗とは、人が感じる感性の中で「はっきりしていないものを決定づける区切り」みたいなもので、自己を知る瞬間でもある。勝ったことへの優越感が励みとなり、その後の成長につながることは否定されるものではない。この世は、人と人との関わりの中で生きていかなければならない以上、多少なりとも他者との比較は必然的に生じてくる。

そういった中で、時おり自己啓発本に書かれているような「劣等感を持たぬように」などと聖人君子のように言われても、その人間が劣等感を感じてしまう以上は、一旦自分自身でそういった感覚を受け止めるしかない。

だが、それは人としてとても自然なことで、当たり前に備わっている感性。

だから、ある側面から見ると、人の持つそういった感性が持つ「勝敗の意味」は、その人間の人生の指針ともなりうる。


人間が勝ち負けから感じ、得られるエネルギーというのは、とてつもないものがある。だから本来は、優越感も劣等感もそのままの姿をありのままに感じればいい。正確には徹底的にそういった感覚に溺れてみるのもいい。


時々「負けて悔しい。この感情をどうしたらいいですか?」と聞いてくる選手がいる。そういう劣等感や感情はごく自然なことで、感じること自体に問題はない。だが、その感情に囚われすぎてしまうことは問題である。

だからといって、囚われすぎていることを本人が客観的に認知するには、経験と時間が必要になってくる。それから逃れられる特効薬は、ほぼないといっていい。もし何か方法があるとするならば、そういった感覚を「麻痺」させることくらいだ。

勝敗を無駄に「自己以上」の存在にして、崇高なものに奉り上げたり、「結果がすべて」と割り切って、当人の心理が受け止める本当の勝敗感情を麻痺させたりすることもできなくはない。でも、勝負から感じて学べる、本当に感じるべき感情や自己対峙から逃げてしまうと、人は勝敗を選べない「勝ち負けに囚われた奴隷」になってしまう。


僕は今、若い選手と一緒に走ることがある。「若い子はエネルギッシュでいいな」などと、ある種の劣等感を感じることもある。だが、一方で「41歳だからできることもある」なんていう反骨的なことを思ったりもする。そういったふうにどこか自分への肯定感を生み出さないと、勝敗が持つ感情から自尊心を保つことは難しいと思う。ただ、勘違いしてはいけないのは、そういった自分の感情や感覚を認めたうえでの話だということだ。

もちろん「勝つか負けるか」、「100か0か」、「結果がすべて」、「負けたら終わり」、そう思い詰める勝負も確かに存在する。だけど、勝敗はその都度の勝ち負けでは判断できないことが多い。人の人生は、それだけでは片づけられないことが圧倒的に多いからだ。

繰り返しになるが、僕は2003年、パリの世界陸上選手権200mで銅メダルを獲得した。だが、あそこで、もし僕が金メダルを獲っていたらどうなっていたんだろう？　と、ふと考える時がある。

今の僕が思うには、本格的に精神的な逃げ道をなくしてしまい、本当に命を絶って死んでいたのではないか。銅メダルということは、どこか自分の中では「他に1番がいたという勝負」で、勝負として未完成だったから、その後も頑張れたのかもしれない。

たとえ何かの勝負に勝ったとしても、「中途半端な準備で勝ってしまったので、勝ったという事実に縛られて反省できなかった」という話もよく聞く。負けた場合に「きちんと負けられなかったから未練が残った」ということもあれば、逆に「あの時、全力を尽くして負けたから、次の道に進むことができた」ということもある。

だから、本当に大事なのは「勝敗の結果」ではない。結果がすべてという人は「論理人」として刹那的に生きているだけで、人生に意志を持たない脆弁だ。勝敗がすべてであるという答えなど人生にはないのだから。

しかし、それでも勝負の世界に身を置き、そこから何かを感じ取って、幾度となくある勝敗を自分という軸で結論づけるか？ そして、それを自分の人生や生き方にどのような形で「転換」できるか？ それが結局は、その人間の輪郭、ないしは人の格、「人格」の一部となるのだ。

ただ意志もなく、何も考えずに勝った負けたを繰り返し、結果だけがすべてという世界は、永遠に終わることのない修羅の世界と同じだ。

修羅道は決して終わることのない、殺し合いの螺旋。まさに地獄だ。そこから自由になるには、自分の内側にある勝負の意味を常に見つけ出すことだ。

自分自身の競技人生を振り返ると、勝負事に真剣に取り組むようになってから、ずいぶんと時間が経った。今はその世界や結果に、さほど囚われなくなっている。その瞬間の勝敗の持つ「自分の答え」は、その時初めて分かる場合もあるし、何年も経ってから分かる場合もあるからだ。

だから、未だに「勝敗とは何だろう」と考えることがある。その勝負の意味や哲学は、時間や年齢とともに常に変化していて、すべてが違ってきている。

答えは常にあるのだが、常にないとも言える。

「勝敗がもたらすものは、必ずしも定まったものではない」

そう考えた時、「勝利至上主義」、「勝つことがすべて正しい」は本当の勝敗の世界からすると、ほんの小さな世界観であるとも言える。そして、それすらも常に変化する感性であると自覚した時、僕は勝敗から生まれる煩悩から自由を感じることができた。

本当の自由に触れるには、人はどこかで自分との「闘い」を選ばなければならないのかもしれない。

今の僕は、そう思う。

第4章

自由目標

根性、努力、目標の在り方とは?

夢や目標がなくなった時

多面的な球体として目標を捉える

僕は小学生の頃から走りはじめ、もう30年近くも陸上競技の世界で生きてきた。陸上競技短距離の目標は、つまるところ「速く走る」ということに直結していた。

僕はその世界の中で、誰よりも速く走ることに対して貪欲に追求していくことで、そのステージを五輪・世界陸上といった大会レベルにまで上げていき、より速い人間と勝負し、より危険な勝った負けた、切った張ったを繰り返した。

そして、その日常は、いつもとんでもなく高い山を登っているような心境だった。その高い山の最高峰である頂上＝金メダルを目指して、自分は今、何合目にいるのかを常に確認しながら下から上に登っていく。それは「上昇志向的な目標」の在り方とも言える。10代、20代の頃はその上昇気流のようなエネルギーを蓄え、目標という対象に自分のエネルギーのすべてを発散していた。

昭和55年生まれの僕の場合、自分自身を取り巻く外的な環境も雰囲気的には「上昇志向」に寄っていた。学校も、社会情勢も、そうだった。昭和の終わりから平成の前半にかけて、「五輪の金メダル」は一つの定型的な到達目標で、競技に打ち込む選手の多くが当たり前のように目指すものだった。より速く、より高い領域へ。そんな社会の空気は、外側から自分のモチベーションを常に後押しした。

そういった時勢の夢を叶えようとしている最中は、周囲からも「大丈夫？」と心配されることが多少なりともあったけど、１００人中１００人に「無理だよ」と否定され、笑われるようなことはなかった。だから僕の場合、その道を突き進んでいくのは体力の面から言えば簡単だった。

そして、僕自身も若い力にあふれ、時代も自由に高い目標に向かっていくことを許してくれた。つい数年前のようなことだが、振り返ってみても「上昇志向」を持ちやすい時代に生まれていたんだな、と改めて思う。だが反面、これが戦争をしている国だったら、そうはいかなかっただろうとも思う。

僕はそうやって様々な山を登り、目標＝夢を叶えた。その結果として、個人種目（200m）とリレーで世界の表彰台に二度立つことができた。しかし、その後、僕はそういった華々しい時代の山＝目標も同時に失ってしまうことになった。

チャンピオンシップスポーツの到達点は、「順位」という形である程度分かりやすく結果が出る。物心ついた頃から、世界での頂を目指す環境でずっと生きてきただけに、その世界の目標に到達した後の、次に目指したいと思うものも同時になくなってしまったのだ。

単純に、リレーで銀なら金を、200mで銅なら、さらに上の金メダルを目指せばいいのでは？　と思うかもしれない。だが、そこまでのトレーニングやそれまでの時間があまりにも壮絶だっただけに、そのさらに上を想像すれば「死」すら見えるほどだった。

オリンピックが終わった後、まず一番に「またこの世界で、同じような目標を掲げるのか？　また、あの地獄の苦行のような練習をするのか？」と切実に思った。

僕はその後、空っぽになった。夢も目標もなく、ただ生活しているだけの人間になった。この世に「生息」しているだけのようにも感じた。そんな状態になってしまった。

でも、「こんなんでいいのかな？」とも漠然と考え続けていた。そして、その時間は、ある疑問を生んだ。

「目標とは、そもそも何なのだろう――」

目標を設定し、それを叶えようとしている人は多いと思う。だから、目標を達成するためのプラスになればと、目指す分野の成功者の体験や経験談、具体的な成功例を聞くことも多い。

だけど、僕は人生を懸けた目標を成し遂げてしまった「後」の話を聞いたことがなかった。そういった人生の指針・概念とも言える目標がなくなった時、人生はどうしたらいいいんだろう？　そして、その後どう生きていけばいいんだろう？　と。

僕は、当時その答えを持ち合わせていなかった。そして、他の誰もがその具体的な答えを持ち合わせていなかった。

それからというもの友人、知人、面識のない人、出会う人すべてに目標や夢について話をした。それは、ちょうど２００８年の北京五輪が終わり、その後の3年間くらいのことだった。

ある人は「目標がない」と言った。ある人は「自分は目標に向かうモチベーションが保てない」と悩んでいた。僕の立場から話すことに反発する人もいた。「あなたの目標は？　と聞かれても困る。末續さんだから夢を叶えられたんだ」と。彼は「どうせ叶えられないから」と、目標を持つこと自体に悲観的だった。目標は憎いもののようですらあった。

「あなたは目標を叶えられたから、そんなことで悩むのよ。贅沢なのよ」と言われたこともあった。

でも、僕は「まだ28歳で人生の大半は残っている。そのこと自体に困っているんだけど……」と思ったし、それに対して「デカいことをやればいいじゃん」とも言われ、「そのデカいことをやってしまったんだけどな……」と切なさ混じりに思ったものだ。

真剣に僕が問うからこそ、出会いの中で「目標を持てない」と言う人に羨ましがられ、罵られ、憤られたりもした。今振り返れば、当然だとは思う。

居酒屋で夕方から酒を飲みながら話しはじめ、日付が変わって飲んでいても結論らしいものに辿り着けなかったこともあった。人はそれぞれ感受性に決定的な違いがあり、誰もが絶対的な答えは持ち合わせていなかった。

ただ、それまでモチベーションや目標に困ることのなかった自分は、それとはまったく違う人生を送る人たちに触れることで、自分はチャンピオンスポーツという「見えないベール」のようなものに包まれていたんだなと実感することができた。そういう重圧と、それに対する恩恵が存在することももちろん理解していた。

と同時に、彼ら彼女らに癒されている自分にも気づいた。

そしてある時、「ずっとこのままじゃ困るだろうけど、今はこんなんでもいいのかも」と感じるようになった。今のこの抜け殻のように感じる自分も、また受け入れられるようになった。今の状態が、自分の中で徐々に肯定されはじめてきたのだ。

そんな新鮮とも言える時間の中で、「目標を見る角度を変えること」の重要性を理解した。そして、「高い目標を持つべき」という心理が日常かつ当たり前になってしまうと、人生は脆いということも理解した。

目標を持つことは素晴らしいいし、目標を持って生きることも大事だ。だけど、それだけの人生は本当に脆い。かといって、「目標なんて要らない」と言って生きるのもまた脆い。

では、どうするのがいいのか？

世の中には、当たり前だが、いろんな境遇、立場の人がいる。家族構成や競技環境、経済面、身体能力などは一様ではない。目標を叶えるために許される時間も違えば、それぞれの年齢も違う。だから、自分が持つ目標の意味、目標の現在地も当たり前のように違う。それは目標を叶えたという人間も生きている以上は例外ではない。

だからこそ、自分自身の「目標の捉え方」が大切になる。

すなわち、「目標は多面的な球体である」ということだ。


これは、僕が目標を持つうえでの前提条件だ。そうやって、様々な角度から目標への捉え方と距離感が客観的につかめると、目標の持つ多様さと選択肢が増え、目標を球体のように見つめられる自分に慣れてくる。そうすると、目標をあらゆる角度から見る自分の目が備わってくる。

「点」ではなく「面」でもない、「球体」として目標が見えてくる。

目標を無理に上げたり下げたりするのではなく、遠ざけたり近づけたりもしない関係になれる。そして、目標自体から自由になり、苦しむことがなくなるのだ。

自由目標

縦横無尽な目標概念

「目標は持てる時でいいんじゃないの？」と言ってくれた人もいた。実はその通りで、目標をあえて持たない方がいい時だってある。目標にはそういった「一面」がある。叶えたい時は持って、要らない時は要らない。目標は各々が感じるもので、他人に提示するものではない。

だから、僕は講演などに呼ばれた際、参加者全員に同じように「目標を持って生きなさい」とは決して言わない。というか言えない。それは、目標というのはそういうものではないからだ。

陸上競技ならば、100mを9秒台で走ろうとする瞬間があってもいいし、お金を儲けるために走るということもありだ。「金メダルを獲って、その時こういうセリフを言うんだ」でもいい。これが正しいなんていう「目標の答え」などないのだ。

「速く走ってモテたいです」と言うことを、ある人は「そんなモチベーションでいいはずないだろう！」と怒るかもしれない。でも、目標とは「〜すべきもの」ではなく、もっと多彩で内発的で圧倒的に自由なもの。単純に「こうしたい、こうなりたいんだ」という未来への自分のエンジンになるものだ。

もちろん、純粋に長く走り続けるには「走るのが大好きだ」という気持ちが「球体」の核になるが、目標の見え方と設定はその状況や立場、あらゆる事情でその都度変わってもいいと思う。そこにある核さえ不変であれば、目標はもっと無限に繊細で自由でいい。自分自身のストーリーさえあっていいとも思う。

一方で、目標がある集団の中でそれがあまりに画一的だと、当然淘汰される人も出てくる。それもまた、目標を到達させるには必要な環境ではあるのだが、いつか必ず息詰まる。目標を「選ぶ力」がなくなってくる。

スポーツ以外の世界もそうだ。会社員だって、全員が社長や役員に出世できるわけではない。単に「あの人と一緒に仕事ができるようになりたい」と考えることが、自分を駆り立てることだってあるはずだ。目標は絶対的なものではなく、もっと自分に寄り添っているもの。自分にしかない、自分の人生をドラマティックにするためのものだ。

こういうことを理解した今、20代だった自分を振り返ると、「目標が変に単一で純粋すぎたのかな」と思う。それも美しさだが、ただでさえ日本代表になると、掲げる目標は立派な箱に入った、より「プレミアムなもの」でないといけない感じになる。また、自分の性格的にも「明日の休みに、スターバックスの美味しいコーヒーを飲むために今日頑張ろう」という気楽な考え方は決してできなかったし、罪悪感すら抱いていた。

目標設定というものは一時的には効果的だが、結局は苦しむものだ。以前は「上昇志向的な目標だった」と書いたが、これからはゴリゴリと1番を目指すとか、義務感で頑張るといった「縦」の角度の目標の捉え方だけではなく、「横」への広がりがあり、選択肢もある目標の捉え方も必要な時代なのではないかと感じている。インターネットで個人と個人がつながった「横社会」。そこから生まれる目標設定が問われている。

昭和の時代のような、「競技で結果を出す」という二等辺三角形の先端を限りなく伸ばして尖らすようものだけではなく、それぞれが持つ「幸福感のバランスシート」の円を、多面体のように大きく広げていくイメージだ。

僕が今こう感じるようになってきた理由は、子供と関わるようになったからだ。子供は夢や物事の楽しみ方がとても多面的で多彩だ。一つのことに十個の楽しみをおもちゃ箱のように詰め込んでいる。内発的なエネルギーによって一つに縛られない。多様で自由だ。

陸上には混成競技がある。男子は十種目、女子は七種目を2日間かけてこなし、記録を点数に換算してその合計点で争う。混成競技の選手たちを見ていると、自分自身を真ん中に置き、それぞれの種目とどう付き合うかということに非常に長けている。一種目では満足しないし、依存しない。逆にそれが全体を押し上げる。

一方で、スプリンターのように「一つのことだけ」、「走ることだけ」をやっていると、僕の場合はどこか幸福感がどんどん落ちてくる。

今僕は、執筆活動をするようになった。そして、それが走ることと同じような幸福感にもつながっていると、身をもって感じている。僕にとって執筆活動は感覚を言葉にして、その感覚の精度を高める行為なので、感覚としては走るも書くも一緒なのだろう。

要するに、一つの感性を一つだけの感性で完結しないということだ。
時代はもう令和となった。僕は昭和・平成を生き、時代の変化も否応なしに肌で感じている。それに応じて現代の夢とか目標の内容の「持ち方・捉え方」も変化・進化していかないといけないと思う。

「上がこう言うから」、「体制がこうだから」と言っていても、今はその体制自体が破綻してしまうような不透明な時代だ。だから、ある意味目標やモチベーションを、誰も何も提供してくれない時代でもある。それを、個人でどうにかしていかないといけなかったりするのだ。

これからの時代は、夢の幅の広さ、目標の繊細さ、それらに対する周囲の寛容さ、こういった世界観を自身で作っていくことが必要になってくるのではないかと思っている。特に、もうすでに大人になっている人たちに対しては、なおさらだ。

「縦社会」というのは、時代をリノベーションさせるようなバイタリティーを生み、統合的ではある。だが、そこから漏れる思考・在り方に対してはある意味で排他的だ。

「横社会」の夢や目標の捉え方・叶え方は、それぞれの自由を認めたうえで成立する。非常に自由で開放的だ。だが、あくまでそれぞれの距離感が重要となるため、全体の意志に統率がなく、全体がどこに向かうか分からない。言い方を換えれば、統制の取れない混乱とも言える。

それぞれにそれぞれの在り方を、自由にかつ柔軟に適応させることが「自由目標」という在り方。まさに縦横無尽な目標概念だ。この縦横無尽な目標の見方・持ち方は、現代のように凄まじい速度で情報化が進む社会においては、今後個人に必須な能力になっていくように思っている。

日本産スポーツ

現代の専門家の資質

肉体を追い込んでトレーニングする。だからこそ、本番で無駄な力の抜けた最高のパフォーマンスを発揮できるようになってくる。パフォーマンスを高めるために肉体をトレーニングで追い込むという行動は、経験上どんなに楽しいことでも必ず「根性」という要素が必要になってくる。

ただ、こういった類いの話は、どうしても理屈だけでは片づけられない場面も多く、そういった領域でもある。「肉体が苦しい時、もう一歩頑張ってみる」という場面では、ある意味そういった「スイッチ」のようなものを持っていないといけない。

心身が苦しい時やつらい時に、それに耐える、踏ん張る力。つまり、ストレスに対しての耐性を「根性」だというふうに解釈・表現したとする。だが、それは以前と今とでは、かなり違ってきているように思う。

現代は、スポーツにおいて心身のストレスが高いトレーニングを、ただ単純に「根性を出せ」と強制的にやらせるようなコーチは以前ほどいないと思う。そして、そういった場面での「根性」という精神論の導入にしても、今はその行為自体に「納得させる」という過程が求められる時代でもある。

これは、現代は多くの人たちがあらゆるツールを駆使することで、受け取れる情報の絶対量が圧倒的に増えたからだとも考えられる。だから、何事にもより確かな根拠と説得力が必要で、言い換えれば「体験なくしてそこらへんの専門家の情報と等しいくらいの情報を得られる時代」でもある。にわかといわれるファンでさえも、単純な知識レベルで言えば、専門家を凌駕するほどの情報量を持つことも、その気になれば可能な時代だ。

そのため、例えば「根性」などといった不確定で根拠のない精神論が必要な場合でも、何らかの根拠としてそれを示す技量が伝える側にないと、以前と比べて現代の人間の心を納得させることは容易ではないと思う。

さらに、根性という領域は、元々は非科学的であり、非常に伝えにくいものだ。それを仮に何らかの形で科学的に可視化したとしても、そこに「耐える」という精神性が伴わなければ、そもそものストレス耐性は身につかないし、存在すらしないことになる。根性とは、結局は本人が何らかのストレスに耐える力であり、数値化が難しい精神世界そのものなのだ。

現代において、単純明快な剛柔どちらかの「根性論」を振りかざしたとしても、必ずといっていいほどどちら側にもアレルギー反応が強く出る。「根性・

非根性」といった極端な思想で争っているだけでは、本当の答えは出ないとも思う。

「根性論」も然り。「論」というものは議論・討論されて洗練されていった結果、成熟された「論」になっていく。そして、確立されたと思っていた「論」そのものも、あらゆる場面・立場によって変化する可能性もある。根性が疑視されはじめたのもここ近年の話で、昔は根性が美徳だった時代もあった。だから、今の根性論もいつどのように変化するかはわからない。


ただ、現代のように圧倒的な2次元情報化社会においては、この抽象的な「根性」の世界を説くために必要なのは、やはりその道の本当の専門家の体験を軸にした情報である。それはどの時代もそうだったかもしれないが、現代は特に専門家という領域の資質が問われている。

知識という点だけにおいては、今やもう一般人でも簡単に獲得できる。だが、そういった人には到底到達できない領域が、やはり情熱や根性を必要とする世界だ。そういったものの先に、知る人の少ない本当の知識や情報が圧倒的に多く存在する。

そして、本当の専門家は技術・理論のみに偏るのではなく、情熱や根性といったような、より抽象的なものの重要度も知っている。さらに、必ず「自己理解」も成熟している。

また、実体験における「精神的・生理的」な情報も豊富にあり、根性という側面に対して、生理的限界の閾値を自己・非自己においてもより確かに把握している。そして、根性という要素に対して強く客観的であり、根性は詳細かつ正確に操れないと「危険」であるということも認識している。

本来、日本は根性の権化のような時代があった。それは、日本の環境や歴史がそうさせたのかもしれないし、元々「根性」という性質を持っていた民族なのかもしれない。

だからこそ、今後はこういった「日本」の良いところも悪いところもすべて含めて語れる、各方面の専門家が考える技術論・根性論が主流になることで、日本スポーツが本当の意味で「日本産」として成熟していくのではないかと考えている。

努力と遊び

無意味なことに時間を投じるという贅沢

恥ずかしながら、20代の頃は少しだけ勘違いをしていた。寝ずに働くとか、練習で無闇に追い込むとか、そういうことだけが努力だと思っていた。

そもそも当時は体力自体があったので、体力を使うことが一つの快感になっていて、疲れた後の「やった感」を求めていたように思う。ただ、そういう20代の努力は良い面もあったし、悪い面もあったように思う。

それから年齢を重ね、体力は衰え、当然のように疲れやすくなった。さすがにあの頃のようにはいかない。今では自分自身をより深く見つめ、物事を成し遂げるためにああでもない、こうでもないと、これまでの「経験」という引き出しを開けたり、自分だけでは足りない部分を他人に任せたりもしている。

そして、いろんな「力」というものを結集して掛け合わせると、思った以上の成果が出ることも月並みだが分かってきた。その時々、場面ごとに状況を整理して、持っている力を的確にチョイスしていくことが今の努力なのだろう。「努力」とは「力の努め方」だとも今は思う。

一見、「遊び」は「努力」とは正反対の言葉のようだが、「遊び」は「努力」というものを、別の側面からよく教えてくれる。

遊びは楽しい。あれこれ考えずとも、どんどんできる。世間一般の仕事というものも実は遊びみたいに、「70%くらい楽しい」という感覚を持てるといいのではないだろうか。社会の一員として生きるからには、締め切りやビジネスパートナーなど、どうしても仕事の要素がゼロにはならないので、70%くらいがちょうどいい具合だと思う。

そう考えると、「100%自分だけのためにやること」というのは、実は意外とないものだ。

ある日、「徹底した自己満足のために何かいいものはないか？　宿題でも義務でもない勉強とは何だろう？」と思いつき、その足で本屋に行って中学1年の数学のドリルを買ってきた。

ちょこちょこ続けては解いているのだが、もちろんできない問題もあって、半日かけて考えたりしている。ただ「分からなくていい」のが快感で、実は楽しい。これまで僕は、勉強に対して偏見を持っていたんだなと改めて思う。そして、今は因数分解をやっている。

でも、数学のドリルについて他の人に話しても、みんな興味がないから「へぇ～」くらいの反応だ。でも、それでいい。共感されると、それは本当に自分だけのものじゃなくなってしまうから。

こういう無意味なものに時間を投じることに、本当の贅沢を感じる。でも、もちろんその遊び方は重要で、数学も英語も「実用的にしよう」、「役に立てよう」とすると続かないかもしれない。

僕は、高速道路のサービスエリアもパーキングエリア（SA）も大好きだ。神奈川県の足柄や海老名のサービスエリアによく行く。というより、しょっちゅう行く。どこかに行った帰りに寄るのではなく、サービスエリアを「目的」にして行くのが、まいたいい。足柄サービスエリアには足湯カフェがあって、汗だくになりながらコーヒーを飲んでいる。

こういうのは、「楽しむ」より「愉しむ」という字の方がしっくりくると思う。現代では、楽しむというと、どうしても共感を求める方向に行くのだけど、遊び方なんて実は人に共感されない方が良かったりする。正真正銘の自己完結であるということだ。

以前、インスタグラムで「みなさんの趣味は何ですか？」と聞いたことがあったが、さすがに「サービスエリア」という返答はなかった。

世の中には、趣味がそのまま仕事になっている人もいるだろうけど、そんな人たちこそ実は「真の趣味」を持っているのかもしれない。

多趣味でもいいから、自分だけの楽しみ方を持つこと。自分だけのサンクチュアリ（聖域）を作ること。これが、現代のような世の中を生きていくうえで、重要かつ酔狂な生き方のように思っている。

高齢者の自己実現

楽しく、自由に、なりたい自分へ

昭和の時代は生理的な欲求や、社会的な欲求に多くの人たちの意識が向いていたと思う。対して現代はSNSが普及し、「個」が承認されたいという一面が強い。よく年長者は「今の若者は～」と不満を漏らすけれど、人間の欲求レベルとして、これは本質的に高次元に進んでいると言える。

アメリカの心理学者、アブラハム・マズローが提唱した法則＝欲求5段階説によると、第1段階として人間は最初に衣食住などの生理的な欲求を満たすように動き、それが達成されると、第2段階は安心して暮らしたいといった安定の欲求に移行。その後、第3段階で社会の一員でありたいという社会的欲求に進み、第4段階として集団の中で評価されたいという承認欲求となり、最後の第5段階が自己実現の欲求だとされる。

昭和の時代を生きてきた人たちは、太平洋戦争で日本は大変な状況になり、焼け野原の中から国を立て直さなければならなかった。先ほど書いたように、生理的欲求や社会的欲求を満たす方向に努力するのは必然の流れだった。個人の承認欲求を満たす以前の話だったということだ。

しかし、今は自己実現を成し遂げている人に、人が集まる傾向にある。組織のルールに従うだけではない、個人のバイタリティーや行動力が高く評価される時代だ。これを単純にではあるがマズローの法則に従えば、決して悪い流れとは言えない。昭和世代の価値観が、そういった令和の価値観とどこか合いにくいのは、当たり前だけど時代が違うので仕方ない側面もあるだろう。

各時代の「自由」への関わり合い方がつかめないのではないだろうか。

今回の新型コロナウイルスの流行下で、個人の自由と責任を尊重するスウェーデンでは、極端なロックダウン（都市封鎖）はしなかったようだ。だが、この国は、こういう状況下に至っても、若者というよりは高齢者の人間の思考がどこか成熟していたからか、国自体は非常に落ち着いていたそうだ。このあたりは、どうやら日本とはだいぶ違うように思える。


現代は、世の中が豊かになり、ある程度「自分の楽しめるもの」、「なりたい自分」というふうに、個人が「自由」を求めてもよい時代になってきている。でも、それは戦後・昭和を生きた現代の高齢者が構築してくれた世界だ。これは、僕ら世代に今の「自由」という世界を与えてくれたに等しい。だからこそ、この国で「老害」などといった言葉が頻繁に聞こえてくると悲しくなる。

これまでこの国を守り、この国を作ってきた現代の高齢者が、本当の意味での「自己実現」を目指すような方向に向かっていくことこそが、未来の日本がより良くなっていく方向性ではないのかと思っている。若者は、怒っている老人を見たいのではなく、今という人生を豊かに生きている老人の生き方を見たいのだ。

僕は、マスターズ陸上の大会にも出場しているが、大会に参加している高齢者の方々はみんな生き生きしている。ワガママでも意固地でもなく、自由に今の自分を楽しんでいる。

そういった自由を楽しむ「ご隠居」の姿は、僕ら後進にも大きな希望と豊かさを与えるはずだ。

第5章

力の解放

アスリートが表現すべきこととは?

美しさと本能

自然体の中に存在する感動の源泉

人は壮大なもの、荘厳なものに出会った時、その無条件さに「美しさ」を感じて心が動く。海や山などにもそういった「美」を感じ、その裏には「畏怖」をも感じる。決して緻密に計算された人工的なものだけでなく、そういった絶対的な姿に人は無抵抗に心を揺さぶられる。

「走る」という行為は、ほぼ道具を使わない。そこに人以外の要素で媒介するものが限りなく少ないからこそ、見る者には直感的にストレートに伝わる。

そして、もし、ありのままを表現することが美しさにつながるのであれば、アスリートとしての強さ、美しさは本来アスリートの限りない生身の人間性、アスリートの全身全霊を懸けたパフォーマンス、アスリートという徹底した自然体の中にこそ感動の源泉が存在する。

ゆえに、アスリートの美しさとは「人間らしさ」の中にある。

本来、人の本能に、そういった人の姿を美しいと感じる感性があるならば、走るという行為は現代のように過度に論理的に語られるものではなく、もっと情熱的に語られてもいいと思う。

かつてレース後の取材で、200mのコーナーの出口の走りについて、技術的な説明を求められたことがあった。その時なりにしっかり答えていたと思うけど、本当に僕が伝えたかったことは、「あの出口のところは気持ちがいいんだ。『自分』ではない『違うもの』に乗る感じだから、自分ではコントロールしない方がいいんだ」ということだった。技術論ではなく、どう感じたかを言葉にしたかった。

今、自分の奥底の感情や感覚を引き出し、ストレートに表現できる陸上選手がどれだけいるだろうか。今を生き、今に直情的な生身のアスリートは、次の人生や次の時間なんて考えない。考えているうちは何かを成すことなんてできやしない。ましてや、人の心を動かすことなんて到底できない。

以前観た映画の中で、去っていく男性と別れたくなくて、女性がしがみついて泣き叫ぶシーンがあった。僕はそれが男性であれ女性であれ、決して悲観的なものとは思わない。むしろ、そういった狂おしいほどに振り切れている人の姿は「美しい」と感じる。「生きている」と感じる。人間の「野性」は美しく、そして一見醜くも見えるものだ。

2003年にパリで行われた世陸上界選手権200mで、銅メダルを獲得したことはすでに書いた。当時の映像を見て「感動した」という声も多い。あの時の僕は、自身に対して直感的だった。もちろん高野進先生も、テレビ解説の伊東浩司さんも。この東海大出身の先輩後輩3人が揃った大勝負は、狂おしいほどの愛と情動があった。それこそが日本短距離界の歴史を動かした。

当時の国内での感動は、ただ銅メダル獲得という「偉業」だけではなく、論理を超えた「情熱」。爆発した「歓喜」。そういったものが画面から伝わったからだと思う。

レース後、テレビのインタビューを受けていた僕は、早く終わらせてほしかった。そのくらい昂っていた。自我がなくなってしまうほど、何をしゃべっているのかすら分からなかった。

それほど、僕は命を燃やしていた。

アスリートの表現

感情的で情熱的な生のエネルギーの発射

選手は、「自己ベストを出したい」と口にする。

自己ベストとは、今まで体験したことのない記録を出すこと。つまり「潜在的な自分」、「まだ見ぬ自分」を発揮する瞬間でもある。しかし、どんなに「自己ベストを目指しています」と言っていても、実は身体や脳はそう思っていない、潜在的に拒んでいるということがある。

基本的に、人間の無意識には常に「現状を維持しようとする力」＝「現状維持の力」が働いている。それは、人間の生命の安全・安心を維持しようとする力であり、人の生命を守るためには絶対に必要な力とも言える。ただ、競技者問わず、何か現在の状況を変える・越えるなどといった意志を持つ場合、必ずといっていいほどこの領域と向き合わなくてはならなくなってくる。

そして、この領域をなくして、目的・目標などといった「顕在的」な強い意思を意識的に働かせたとしても、人間が本来持っている「現状維持」をしようとする力には抵抗できず、現状維持にあっという間に押し戻されてしまう。それは、年齢を重ねれば重ねるほど強く働き、現状に戻そうとする力は顕在意識の力の何万倍の力ともいわれている。

つまり、「現状の自己以上を目指す場合」には、そういった前提が存在しているということを理解することから始めなければならない。

僕は20代の頃、練習という場面で徹底的に心身を追い込んだ。当時、世界大会などで僕が海外の選手たちと同等に戦うためには、現状の自分での肉体的・

精神的な情報だけでは到底到達できなかった。だから、日常という当たり前の中に、自分ではありえない自分の走りや状況・状態を表現しないといけないと思っていた。

日常というステージから、常に精神的・肉体的に限界まで追い込むことによって、自身が無意識的に持つ「常識的な概念」や「肉体の常識」の中にある「現状維持に引っ張ろうとする力」を、意識上に顕在化させる。そして、その「現状を守ろうとする力」と自身が向き合いやすい状況を日常レベルで作り、その肉体と精神に対して徹底的に抗った。

ただ、当時を振り返ると、心身ともに本当に壮絶なストレスを自分にかけていたなと思う。でも、心が安らぐ状態、身体が安全な状態という場所から離れないと、現状の自己を超えるような記録や結果は出ないと考えていたし、その「超常」の水準を日常化するからこそ、出せるのだとも考えていた。

当時から、自己ベストは「出したい」などと思っているうちは出ないともどこかで思っていた。そうやって意識できる範囲では大した力は働かない。もちろん、記録を出すに足る技術や身体的な強さを身につけるのは大前提。ただ、そのうえで「達成できる肉体」を潜在的なところでいかに引き上げられるか、が当時の僕のかけっこだった。

今の自分より速く走りたいと考えた時、それまでの自身の価値観や善悪を介入させないように、より純度の高い自分と真正面から向き合って、受け入れないといけない。その自分とどう立ち合うか？　このえぐるような自己に向き合う強さ。この勇気と作業ができないアスリートは、精神の線が細い。

そして、そんな毎日を送っていると、一つの問いが浮かんでくる。「自分の走り」の本質は何なのか？　という自問だ。

他者に「速い」と言われたい走りか？

誰かと勝負するために作り上げる走りか？

技術を追求するためだけの走りか？

様々な問いが、自身に生まれてくる。
とても危険な作業だが、生死に触れる直前まで心身を徹底的に問い詰めることで、自分が求めている自己探求の本質に辿り着くことがある。

ある男子選手に「陸上競技は好きか？」と聞いたことがあった。彼は「自分で考えたことが表現されて、結果になるのが気持ちいい」と答えた。この「気持ちいい」は、快楽である。一種の自己快楽だと捉えることもできる。
ただ、快楽には限界がある。その辿り着く先は単なる自己満足。かけっこではなく、もはや机の上だけで勉強している状態に近く、外界では走っているのだけれど、それは誰かと走っているわけではなく、「走っているんだけど机の上にいる」状態だ。

だが、そういう選手はわりと多く存在し、特徴としては、他人に興味はあるが感心はない。自己完結的なこだわりが強い傾向にある。あくまで自分自身に興味を示す。そして、高すぎる自尊心と、それを補う自虐的な一面を併せ持つ。要するに、すべてが自己満足に近い。ただ、どうしても個人競技の競技者は、こういった状態になりがちなところがある。だから、僕も日々気をつけていることはたくさんある。

他者という余白がない自己は、自己が生きる実世界でも「未完成という完成」を生まない。そういった「走り」は、興奮はするが感動はしない。

元々、アスリートは表現者だ。身体でもってその内面を表現する。同じ表現者でもあるミュージシャンなどと比べ、日本のアスリートの表現性は、どちらかというと低いように感じる。

そもそも、アスリートたちは、今何を表現できているのだろうか？

僕らのいる陸上競技界は、どちらかという学術的な表現が濃い業界。だからか、シンプルな最速の表現よりも、事実やデータとしての表現の方が色濃い。「記録は何秒だった」、「スピードは秒速何mだった」といった学術的なロジックが主流だ。可視化しやすい表現は実に分かりやすいからだ。
でも僕は、競技すべてが何かの研究対象にでもなったような感じがして、個人的にはこの表現法はあまり面白くないと思っている。

僕は東海大の大学院に通っていた頃、陸上競技で修士論文を書いた。動作解析で「ここの角度が水平になると推進力になって」などと研究していた。だけど、「こういう世界は向いてない」というのが率直なところだった。なので、表現とロジックが自分の中で折り合いがつかず、精神を病みそうにもなった。僕が陸上で表現したかったのは、理屈じゃない感覚の世界なのだと再確認したものだった。

本来、競技は分かりやすい可視化された情報だけではなく、見えない情報も伝わらないといけないと思う。ミュージシャンだってライブの後に「あのマイクの角度がよかった」とか「あの高音の歌い方なら合格点」なんてことを語っていたら、見ている方は興ざめすると思う。

言葉にしにくい感覚を言葉にして、全員に伝わるようにではなく、もっと感情的で情熱的な温度とか得体の知れない言葉とか、その人間の生のエネルギーが正直に発射されるべきだと思う。

競泳男子平泳ぎの北島康介選手は、2008年北京五輪で「ちょー気持ちいい」、12年ロンドン五輪で「なんも言えねぇ」という名言を残した。

本来はそういうことなんだと思う。人のストレートな心のエネルギーがガツンとぶつかっている感じ。だから、彼は実績もさることながら、今もその存在を語り継がれているのだろう。

アスリートの押しつけ

自己を立体的に進めていく力

この社会の中で「競技」を続けていくと、自身に関わってくれる人たちもよりいっそう増えてくる。

僕は小学生や中学生の頃は、クラブの仲間こそいたものの、どちらかというと一人だけで走っていた感じだった。いわば当時の僕の陸上競技は「一人称」だった。

そして、これが高校・大学になると、僕の陸上競技は「指導者」という存在と深く関わるようになった。この頃から僕は、「指導者と僕」という「二人称」

の競技に取り組むようになった。そして、信頼する指導者からの「信頼性の高い客観性と指導」が介入してからは、自身の感覚のみの一次元から二次元への陸上競技となり、より競技に深みと広がりを見せるようになった。

ただ、その当時の陸上競技は、あくまで学校という環境下での「部活動」だったこともあって、義務的な要素も少なからずあった。だが、競技力の成長・カテゴリー・年齢を重ねるに従い、その自由度は部活動の義務範囲を超えるものになっていった。

そして、社会人になり「実業団」のカテゴリーに進むと、今度は僕と指導者に対して、「三人称」である「企業」という存在が加わった。

僕の場合、あくまでアマチュアスポーツ選手として、あるスポーツメーカー企業に所属していた。アマチュアスポーツのアスリートを抱える企業は「社会という大きな世界と選手をつなぐために、社会人としての『常識・または基礎』をアスリートに反映させ、高次の自覚的な社会性を身につけさせる存在・カテゴリー」である。

僕は受験勉強や就職活動といった一般的な進学、就職形態ではなかったが、「アスリート」としての表現方法で活動しながらこのような過程を辿っていった。そして、自身の人生を推進し、自分自身が競技を通して成長していくたびに、より外界との関係性が〝多面的〟になり、より具体的になっていった。

そして2015年、僕は12年間お世話になったスポーツメーカー企業を「卒業」し、個人事業主として活動しはじめた。その後、縁があって2018年からは、アシックスというスポーツメーカー企業からのサポートを受けるようになった。それと同時に自身が主宰する「イーグルラン・ランニング・コミュニティー」を創設し、陸上競技を知らない一般の方たちに向けても「走ること」で関わり、陸上競技の普及・啓蒙活動を始めた。

もちろん、自らも現役選手として走りながら、トップ選手への直接指導などもしている。さらに星槎国際大学・特任准教授として「教育」という世界にも関わりを持つようになった。

そういった人生を走っていく中で、僕の陸上競技がどんどん多面的に広がっていくことで、社会に対して自身の関係性をより発信・実感できるようになってきた。義務教育・企業といったその時代の社会通年的な過程を経て、自身の本当の社会的な客観性も「少し」は感じるようになってきた。

ただ、昨今はこういった過程を踏まないケースも見られるようになった。それは、スマートフォンと、ツイッターやユーチューブなどといった「ソーシャル・ネットワーキング・サービス（SNS）」の普及によって、たとえ自身の感覚のみの「一人称」的感覚であったとしても、ダイレクトに社会＝ファンとつながりを持てるようになったことだ。

人と人との関係の基本は、まずは生身の人間同士の相互的なコミュニケーションから始まる。それが基本で、社会に生きる人間の段階的な成長においては非常に重要な部分である。

そこから、前述したような社会通年形態の様々な関係性を築いていく過程で、あくまで社会という「生」の客観性を感じながら自己の次元を変え、広げていき成熟していく。そして、僕らからすると「アスリート」としての表現をしながら、社会的な立ち位置などを体感と体験で学んでいく。


だが、もしこの段階で「一人称」であると自覚していないアスリートが、社会に対して思いつきで発言した場合、大概は〝炎上〟を招いてしまう。もちろん本人が狙っていくケースもあるが、おおよそ「一人称」に多い自己承認欲求に帰結されるものが多いからか、本質的には「公的」な発言として認識されない場合が多い。

そして、そういったことがそもそもの根幹なものだから、そういう表現をするアスリートは基本的にはずっと「一人称」のままの自分を認めてくれるファンに賞賛・賛美される環境を選び、作りはじめる。

つまり、当人が本来の「公」に至るところの過程をむやみに効率化した結果、未熟な「自己絶対感」、「全能感」が生まれてしまう。

そして、SNSといったツールで、その者が放つ言葉がその枠外に広がって、挙げ句に叩かれると、そういった者は結果としてまた「一人称」の殻の中に戻ってしまう。なので、どこまでいっても一人というわけだ。

ただでさえ、アスリートに限らず本質的な「自我」が安定するには人・時間・洗礼が必要で、そもそも「一人称＝私」でしか物事を考えられない状態で、そういったコミュニケーション能力をさほど必要としない超効率化された「劇薬的なツール」を自我の初期段階で用いすぎると、人間同士の健全なコミュニケーション能力の成長過程に欠陥を生み出してしまう。

ただ、特に「能力」が優れている・いたアスリートに限っては、こういった感覚的な部分のみの「一人称的能力」が高すぎる傾向がある。なので、そのアスリートと密接に関わる側が凡庸だと、そういった選手の一人称の深い部分の理解が得られず、選手との深い関係を築くことは困難を極める。
だからこそ、「精神より肉体の能力が発達している」場合や「当人の能力より、業界システムが発達しすぎている」状態に生きるアスリートは、日本での「スポーツとは何か」という軸を哲学とする客観性が最も必要になってくる。

日本は、元々はスポーツという存在・概念を海外から輸入した側で、本来はそういった存在・概念は「道の世界」に通ずるものが多い。なので、必然的にそれを導引するのは「師・指導者」などといった親族を超えるような深いコミュニケーションの取れる、指導経験が重要になってくる。

現代は、「指導者を持たなくてもやっていける」と自負する美学があるにはある。だが、昔からそういったアスリートと話すと、コミュニケーション自体に深みが出ず、どこまでいっても自己完結的だった。というより根本的に自分以外信用していない場合が多い。

だから、成熟する前段階にこそ「『私』が『私とあなた』になり『私たち』」になる過程を、「他者」と交わることで深く踏んでいかないと、本当の客観性を身につけることができず、独りよがりな人間になってしまう。

なので、そういった選手は、いざ引退となってセカンドキャリアをどうするかという話になったとしても、そもそも深い信頼というコミュニケーション関係が成り立たないので、どうしても長期的な戦力として使い物にならない。

従って、アスリートの未来における課題は「選手の競技力を支える」という存在を外部に求めるだけではなく、アスリート自身が「社会とつながる」ために存在するという視点に切り替えていかなければならないと考える。

だから、逆説的に「セカンドキャリア」とアスリート自身が声高に謳ってしまうのは、自分の無能さを訴えて、それ自体に気がついていないとも言える。アスリートは能力がないなんてことはない。セカンドキャリアなんてワードは必要のないワードなのだ。

アスリート自身が「アスリートの地位向上」、「アスリートの必要性」を訴えているうちは、社会では戯れ言にしか聞こえてこない。本当に必要なのは、スポーツ選手・アスリートが「この社会への関わり方」を深く考えることだ。

スポーツやアスリートは、社会にとって必要な存在か。そんな議論は、社会に対する押しつけでしかない。アスリートは、そんな必要性など訴えなくとも、潜在的には素晴らしいものをすでに持っている。

それは「人を感動させることができる」ということだ。

自分を売るのではなく、自分ができる唯一を思い出せ、アスリート。

力の解放

イメージを先行させて夢に向かう

「力」という言葉がある。一般的には筋力とか、強さとか、逞しさとか、プッシュ＝押す力などと解釈される場面が多いと思う。僕にはそういった力はない。どちらかというと非力な方だ。

一方で、「能力」という力を辞書で引くと、「物事を成し遂げることのできる力」とある。僕がアスリートとして持っているのは、この「能力」の方だ。

これは、イメージを具現化する力とか、自分が決めたことを継続できる力。

夢＝目標を持つ力といってていいかもしれない。筋力やタイム等と比べ、極めて抽象的で数値化しにくいが、僕のその力はかなり高く、強いと自負している。逆に強いからこそ、夢を失った時の脱力感や落差が大きかった。

では、僕が夢を実現するために、どのように考えているのか？

それは、必ず夢の「イメージ」を先行させるということ。そのうえで、そこに向かっていく、という方法を取る。

例えば、○＋○＝2なら、まずは「2」をしっかり見据える。しっかり捉える。その過程ははっきりいって何でもいいし、どうだっていい。逆を言えば、ありとあらゆる方法論があるということでもある。○＋○は1＋1でも、0＋2でも、−1＋3でもいい。夢を叶える方程式は無限にある。そして、その過程は、2という夢に向かって走りながら選択していく。

この在り方は答えを先に設定し、そこに向かって挑戦していくわけなので恐怖がない。逆にイメージがはっきり見えていないと、どうしても途中で怖くなってしまう。自分が何に向かっているのか、何をしているのか、分からなくなるからだ。自分の現在地すらも分からなくなる。前後左右が視界不良だと、思い切りできなくなって無茶もできなくなる。恐怖心で自分の力が解放されなくなってしまう。

現在、僕が取り組んでいる活動のほとんどは、4年ほど前に1枚の紙に地図のように描き出したものだ。僕がイメージする「イーグルラン」というスポーツの世界観を、個人ではなく世界中のより多くの人たちに伝えるということが、僕の壮大な夢である。

現代のスポーツシーンの多くは勝利至上主義を基本とし、勝つことがゴールであるとも言える世界である。もちろん、それはそれで過程としては間違っていないが、決して勝つことがゴールではない。

「イーグルラン」はそういった世界の価値観に縛られない、広く大きな大空を自由に何の制約もなく飛ぶイーグルのように、この世界を「走る」＝「生きる」世界観だ。いわゆる人生のコンセプトのようなものだ。

誰かに勝とうが、誰に負けようが、いつ走ろうが、どこで走ろうが、速かろうが、遅かろうが、関係なく「走る」＝「生きる」世界観であるということ。

そして、そういった世界観の生き方をしていると、ここ最近は走ること以外にも指導・講演会・メディア出演・クラブ運営など様々な形で、その世界観を表現させてもらうことができるようになってきた。少しずつだが、活動は多岐に渡りはじめている。

描いた夢は、少しずつだが今この世界で形を成してきている。その過程の中で、自分の〝現在地〟を知るためには「理屈」は必要だったかもしれない。だが、現段階で振り返っても、僕はどうやら理屈よりはやはりイメージ先行の方が、形になっていく速度が速いのもしれない。

そして今も、心から信頼している仲間たちと常に話し合いながら、現状や状況を整理し、夢の具体化を進めていく日々を送っている。

そういった毎日に、壮大な夢を見据え、日々イメージとともに生きている。

第二次素人

分からないからこそ、また前に進める

4月10日、僕は福岡県北九州市にある九州共立大学で開催された競技会に出場した。元々、その大学の陸上部監督（疋田晃久先生）とは旧知の間柄でもあり、「遊びで出てみないか？」と大会に誘ってもらった。加えて、大学のグラウンドをリニューアルし、記念イベントとして子供たちを対象とした陸上教室を開催するなどということもあったので、いい機会だと思い参加させてもらうことにした。

この試合、特別に何か課題を持って出場したのかと言えば、そうではなかった。「とにかく1本、走ってみようか」なんて感じのわりと軽い気持ちで、自分自身に何か特別な期待も要求もしていなかった。近年は「どうしたいか」、「こうしよう」といった明確な意図を持って試合に出ることが多かったので、こういう「まあ、走ってみようか」というノリは久し振りだった。

そして、大会では100mを予選・決勝と2本走った。

1本目の予選は、向かい風2・5mの条件下で11秒22の組2着。2本目となった決勝は、向かい風0・7mの中、10秒79で着差あり優勝となった。

2020年6月に、僕は40歳になっていた。なので、この決勝の記録は、マスターズ陸上40歳以上で日本記録だったようだ。昨年3月にも、この場所の同じ競技会で追い風0・8mの10秒96だった。昨年より年齢は重ねたものの、実質的にタイムは上がっていた。

ただ、この時、僕はなぜ速くなっているのか理由がよく分からなかった。本来であれば、ある程度は把握できるはずなのに、なんで速いのか？　その原因が分からない。むしろうっすら恐怖感すらあった。これは久しく感じていなかった感覚でもあった。

だけど、この恐怖感は心地悪いものではなかった。それは「未知のものに対する恐怖感」とでも表現すればいいだろうか？「恐れおののく」ものでもなく、もっとフレッシュな恐怖と不安、ワクワクした高揚感が入り混じった感覚だった。例えるなら、中学から高校に進学した時、犬を飼いはじめた時、そんな節目を迎えた時のような感じだった。

振り返ると、この日はグラウンドに入った瞬間から何だか違和感はあった。違和感の分いつもより感覚が鋭敏で、他人の感情といった繊細な部分まで拾い上げて感じ取ってしまっていた。そして、その中でどういう行動を取るべきか？　グラウンドのこの辺にいた方がいいとか。風がこう吹くなとか。そういった感覚がニョキニョキ出てきて、変な予知能力がポンポン湧いてきた。

以前、マスターズ陸上の大会で走った時は、「こうなるんだろうな」と大体思惑通りにハマった感覚はあった。しかし今回は、そんな見通しも立てず、途中から「この流れに抵抗しない方がいい」と、目の前のことに身を任せて対処していったような感覚だった。ある意味では「ビギナーズ・ラック」みたいに、すごく新鮮な気持ちを持ちながら、どんどん事がうまく運んでいった。

終わって改めて振り返ってみると、自身の感性の広範囲さに触れた試合だったように思う。そして、それをキャッチできる、以前にも増した野性的なセンサーも磨かれていたように思った。

そして、また率直に感じられたのが「陸上競技は分からない」ということだった。10代の頃から、これだけ長く濃く陸上競技をやってきて、1周まわって、「分からない」に戻ってきた。

だから、ある意味では今までやってきたことは何だったんだろう？　と思うし、このよく分からない地点から、またグルグルとまわりはじめることが楽しみで仕方ないとも思う。「初心に戻る」とは、こういうことなのかもしれないし、この状態に名前をつけるとしたら「第二次素人」とも言える。

年齢と向き合いながら、なお同じ競技を突き詰めていくには、このように「分からない」という感覚をどれだけ持てるかが最も大切なように感じる。体操の内村航平選手なんかも、今そうなんじゃないだろうか？　鮮度の高い感性を持ち合わせていてこそ、また前に進んでいける。

実際、歳を取ると臆病になるものだ。

トレーニング一つ取っても、「この練習はやらないといけないことか、それとも身体を壊してしまう無謀なものか」といった狭間で様々なことを葛藤し、感じ、考え、取り組んでいくことになる。この未知なものに対する怖さや好奇心と、うまく付き合っていかなければならない。自分のやってきたことから離れる勇気をどれだけ持てるか？　どれだけ手放せるか？　職人さんたちの世界や芸の道なども、きっと近いのではないかと思う。

以前は、恐怖を「克服」し、安定したパフォーマンスを出すことができていた。ただ、今それとは明らかに違う。先にも触れたが、アスリートにとって感性はとても大切で、それは陸上を専門にやっているだけ、あるいは陸上の目線で物事を見ているだけでは進化しないようにも感じる。

これまでのいくつもの取り組みが、ある瞬間に影響し合って今回の感覚が湧き出てきたのだろう。グラウンドを走るだけではなく、他のスポーツも嗜み、人にスポーツの道理を伝え、教え、文章も書いてきた。

ひょっとすると、この年齢になってくると、走ること自体はなくなっても構わないのかもしれない。

今も現在進行形として、自分自身のことがまだよく分からない。

でも分からないでいいと思うし、分かるはずがないとも思える。ただ、だからこそ「陸上競技」、「走る」ということの奥深さが少し垣間見えたのかなという気はしている。

アスリートの本質

一生懸命が誰かを幸せにできる

九州共立大での競技会は、心も身体も軽かった。自分を覆っていた「経験」という膜がなくなり、周囲の情報がダイレクトに自分に入ってきて、それらを走りに転換することができた。

僕は「かけっこ」が大好きだ。中でもスタートからゴールの間が好きで、そのレース中を強く感じたい。今回の競技会では、そこが非常に充実していた。

100m決勝では、自分より20歳も若い選手たちが左右のレーンに入り、彼らの「力」に終盤まで引っ張らせるレースをした。スタートから両隣の選手たちが先行するのに対し、「自力」を使わず70ｍくらいまで引っ張ってもらう感覚で走った。そして、最後の15ｍで彼らが減速したところを差した。

たった10秒のレースの中で、「ここは付いていくだけ」、「ここはちょっと食い下がらないといけない」と感じ、考えながら走り、１００ｍの「勝負の仕方」にも新しい学びがあった。よく選手は「自分の走りをするだけ」と語るけど、こういった駆け引きができるレースも面白かったりする。

前にも触れたが、２００ｍはスタート位置がレーンごとに階段状になっていて、自分より外側のレーンの選手が見えるので、「他力」に引っ張らせる感覚は持ちやすい。だが、１００ｍは全員が横並びなので、そのあたりが視界領域的に難しく、これまで引っ張らせる感覚で走ることはできなかった。

でも、条件や状況によって力が抜けたり、自分の走り自体にも無駄がなくなったりして洗練されてきてもいるのだろう。その答えがないからこそ感じる

「自由自在とは？」の尻尾をつかんだ気もした。

競技会には、指導している選手も連れていった。以前、その選手に「なぜ末續さんはそんな楽しそうに陸上をやっているのか分からない」と言われたことがあった。その選手は僕と同じく200mを得意としている。だが、この試合では専門外の800mとやり投げに出場させた。

800mでは最下位を走り、当然やり投げも全然飛ばなかった。でも、会場の他の選手たちは、彼が「一生懸命」だからこそ応援し、彼もその場を全力で楽しんでいた。そして大会が終わり、その選手は「こんな陸上競技は初めてです」と思いに耽るほどだった。

元々、その彼は非常に短距離選手としての能力は高かった。そして、日本陸連が特別に指定する強化選手にも選ばれたことがあった。しかし、「心の底から陸上を楽しいと思ったことはない」とも言っていた。多くの期待を寄せられ、それに応えることで自分の存在意義を確かめ、その繰り返しの中で、いつしか子供の頃のような純粋な「走る楽しさ」を失っていた。

タイムは何秒だったか？　勝ったか？　負けたか？　にしか関心が行かなくなっていた。でも本当は、陸上競技そのものが楽しくないからじゃなかった。その選手自身の心が不自由で、楽しくなくなっていたのだ。

彼を専門外の種目に出場させた手前、僕もただ傍観しているわけにはいかないので、予定していなかったが円盤投げに出場した。監督に「投げてみな」と促され、僕もそれに応えられる気持ちだったし、監督とはそういう関係でもあった。そもそも「なんでやっているの？」、「怪我するから変なことはやらない方がいい」などという考えは、心の自由を奪っているようで嫌だったから。

長期的に一つのことを続けるためには、どうしても必要になってくることがある。それは、いかに「自由」を忘れないかということだ。常にこれまでの固定観念を打破できる思想が大切で、今回は自分とその選手の固定観念を壊しに行った。そして実際、そういう状況に身をさらして、自身自身も思い切り楽しむことができた。

円盤投げの初心者は、腕を振り切る前に円盤をリリースしてしまうことが多いらしい。ビビってしまって投げ急ぐというわけだ。僕の記録は27ｍ06と話にもならない飛距離だったけど、フォームとしてはきっちり投げ切れていたそうだ。試技と試技の間で、自分が何だか怖がっているのが分かって、修正しようとも試みた。

円盤投げの場合、選手は頭上から見て反時計回り（左回り）に回転し、投げた円盤は時計回り（右回り）で飛んでいく。自分とは逆の回転をかける。この、円盤投げを知っている人たちにとっては当たり前のことが、僕にとってはすごく新鮮で好奇心を刺激された。

そして、円盤投げの筋骨隆々とした選手たちの間に入って、彼らの動きをじっと観察し、ワイワイ言いながらくるくる回って投げている僕は、周りから見たらさぞ浮いていたかもしれない。それでも「素人の自分」は、意に介することは一切ない。

連れていった選手に、僕の円盤投げの感想を聞いた。すると「堂々としていました」と言った。そう映ったのは、ただ素直に挑戦しようとしていたからだろう。陸上は答えを求める競技ではないのだから。

過去には、末續慎吾の公のイメージと、素の自分とのギャップを感じることがしばしばあった。「これは表に出しちゃいけない感情」と飲み込んだこともたくさんあった。だが、ここ数年、自分が少しずつ解放されてきたとも感じている。楽しみたい気持ちが自然と表面に出てくるようになってきた。

2020年2月に、ゲストランナーとして府中駅伝の1区4・3キロに出場したあたりから、自分のタガみたいなものが外れてきたようだ。あの時は、年上のランナーに抜かれざま、「末續さん、こんなもんですか」と冗談半分で言われた時の愉快さと、「ナメんな」という感情。それから遮二無二、走ったのを覚えている。

やっぱり、スポーツは情緒が入り込まないと面白くない。選手同士がそれぞれの思いや感情を持ち寄りながら、それでも相手をあおったり、傷つけたりせず、ルールを守った中でやり合うと本当に面白くなってくる。

そして、そこにこそアスリートの自由な情緒がある。現代のスポーツシーンでは、より感情を出せる自由がもっともっとあっていい。そうすれば、アスリートの持つ本能や強さ、エネルギーがさらに伝わって、そこに洗練された技術や背景、物語性なども加わって、より奥深さが出てくるはずだ。

こういった「アスリートの世界観」というのは、ユーチューブなどを使って一人で伝えようとしても伝わりにくい。そこで、アスリートそのものが「タレント」のように世間に受け止められてしまうのも、やっぱり違う。

最後に、この競技会での出来事の中で、もう一つどうしても触れておきたいことがある。

競技会の前日に、普段そこのグラウンドを使っている陸上クラブの子供たちと交流する機会があった。そして、子供たちは僕を見ると、「かけっこのお兄ちゃんだ」と言った。テレビなんかに出たりしているから知っていたのだろう。彼ら彼女らにとって、僕の存在はメダリストではなく、「かけっこの大好きなお兄ちゃん」だった。

20代前半に陸上教室をやっていた頃と比べて、僕に集まってくる子供たちの笑顔が明らかに違ってきていた。そして、これまでたくさん走ってきて、子供たちの笑顔に「かけっこのお兄ちゃん」と認識してもらえていることで、僕の半生が救われた気持ちになった。

やっぱり笑って陸上をしてもいいし、するべきだとも思った。

そして、疋田監督には7歳の息子さんがいる。100mの決勝レースの後、動画を見返すと、コースのすぐ脇にいた彼の声援が録音されていた。彼は、

「頑張れー！　慎吾、頑張れー！」

と、喉が切れるんじゃないかというくらいの大きな声で応援してくれていた。まだ7歳という年齢で、特定の人物にそれほど自分の想いというか熱量を込めて、何かに対してぶつける行為や姿というのはそうそう見られることではないし、実に人として本能的だとも思う。

それは、一片の曇りもない彼の心の叫びだった。

そして、その瞬間を作り出せたのは幸せだった。

もし、アスリートの本質があるとすれば、自分自身のために一生懸命やっていることが、誰かを幸せにできるということだ。メダルだけを目指していた時は、そこに目と心が行かなかった。

アスリートの持つ力は、そういった理屈じゃないところで人の心を動かしたり、物質的じゃないものを与えたりできること。見る人たちに純粋に「応援したい」と思ってもらえるか。そして、いかに感動という瞬間を残せるか。

今回、まだ7歳の子供に心から「頑張れ」と言ってもらえた。

この後のビールは、本当に美味かった。

おわりに

いかかでしたか?
いちアスリートの話。
僕が感じるまま、すべてを伝えさせていただいた。

今回、この本は、僕自身の執筆活動の中では2作品目のものとなった。この本が出版される頃には、おそらく東京オリンピック開催直前という状況になっていることだろう。

ただ、この本を書き終えようとしている現時点でも、オリンピックが100%開催されるかどうかも不確定な状況で、実際に僕がこの本を執筆している際中も、コロナ禍でのオリンピック開催という前代未聞の事態に対し、日本国内は荒れ狂っていた。

同時に、オリンピックに選手として関わる現在の「アスリート」という存在への理解と解釈も、少し湾曲している状況だ。そういった状況下なだけに、今回のようなアスリートそのものを一冊にしたような本を出すことは、はっきりいって今アスリートである僕にとっては、非常にリスキーでもあった。

しかし、この本は「アスリートの本質・本性」の話だ。

こういった類いの作品が、現代のような時代にどう受け入れられるかも、またこの世界の「本性」だ。だから、これを出版するにあたっては「勇気」を出してというよりも、どちらかというと、アスリート・末續慎吾としての生き方と在り方に「覚悟」を持って臨ませていただいた。

なので、この本は僕というアスリートの生き方や在り方が、ありのままに書かれているし、巷で目にするアスリートが表現した本とは少し色合いも違っていると思う。

アスリートは一般の人と比べ、身体能力が高く肉体が強い。だからこそ、そういった要素を自身が生きる手段としている。自身を表現する方法がそこに帰結しているからだ。ただ、ある見方をすれば、いち人間としての総合的な「表現力」は尖りすぎていて、やや乏しいようにも見える。

もちろん、そこには徹底した肉体表現があるからこその感動もあり、それがアスリートの本懐とも言える。ただ、本質的にアスリートは肉体だけでなく、「魂」をも剝き出しにして生きている。

その実、中身は真人間で、自覚があるにしろないにしろ様々なことに対して感受性が強い。それは、日々過酷なトレーニングや重圧などで心身を削り、常に自身の生命と近いところで生きているからだ。

僕は、物心ついた頃から走っていた。それは同時に、アスリートという生き方を選んだということでもあった。僕にとって走ることは、アスリートという存在の本性を大いに教えてくれるものだった。

そして、僕は今現在も走り続けている。誰に勝とうが、誰に負けようが、誰と走ろうが、どこで走ろうが、走っている。そんなふうに人生を走りながら、魂を剝き出しにして生きている。生きることが自分にとってフィクションにならないよう、限りなくノンフィクションであるように。これは、そういった感性と生き方がアスリートの「本質」であり、「本性」だからだ。

ここまでこの本を読んでくれた方は、今何を感じているのだろうか？　僕はあくまで想像することしかできないが、この本を手に取ってくれたことだけは確かだ。星の数ほどある書籍の中で、この時代、この瞬間に、この本を手に取ってくれたことを本当に感謝している。

今回のオリンピックは、コロナ禍という前代未聞の事態の最中に行われようとしている。そして、その開催国である日本の国民の中には、この事態にも関わらずオリンピックが開催されようとしていることに、大きな不安と恐怖感を抱いている人たちがたくさんいると思う。そして、オリンピックに参加するであろうアスリートたちも、今どんな気持ちでいるのだろうか？

現代のアスリートは、コロナやオリンピックのほか、様々な社会情勢といった数奇な運命と絡み合いながら、今一つの転換期を迎えているような気がする。そういった激動の時代に生きるアスリートは、これからどういった表現と生き方の方向性を示すのだろうか？　そして、現代の人の心をどのように動かしていくのだろうか？　こんな時代だからこそ、そのアスリートならではの本性に則って、それを見せてほしいと思う。

そして、それは僕も然り。

こんな時代だからこそ、これからもより真っすぐに、より生々しく、アスリートの本性を剥き出しにした生き方で、末續慎吾を表現していこうと思っている。そして僕のそんな姿とそこから生まれる感性と哲学を、今後もより多くの方々と共有していきたいとも思っている。

みなさまの「生きる」という日々が、新しい自分と奇跡の毎日になりますように……。

みなさまとつながっているであろう自由な空に、そう心から祈っている。

それでは、また。

2021年6月

末續慎吾

アスリートの本質

2021年7月23日　初版第一刷発行

著　　者／末續慎吾

発 行 人／後藤明信

発 行 所／株式会社竹書房

〒102-0075
東京都千代田区三番町8-1
三番町東急ビル6F
email: info@takeshobo.co.jp
URL　http://www.takeshobo.co.jp

印 刷 所／共同印刷株式会社

カバー・本文デザイン／轡田昭彦＋坪井朋子
協　　力／髙木真明
特別協力／EAGLERUN（大沼寧子）
カバー写真／アフロ
編集・構成／宝田将志

編 集 人／鈴木 誠

本書掲載の写真、イラスト、記事の無断転載を禁じます。

落丁・乱丁があった場合は、furyo@takeshobo.co.jpまでメールにてお問い合わせください。

本書は品質保持のため、予告なく変更や訂正を加える場合があります。

定価はカバーに表示してあります。

Printed in JAPAN 2021